A BRIEF HISTORY OF ALL-CHINA FEDERATION OF TRADE UNIONS

中国工会简史

中国工运研究所编写组◎编

中国工人出版社

前　言

在近代以来中国工人阶级产生发展壮大的基础上，中国工会应运而生。党领导的工会组织甫一成立，就以组织动员工人阶级为实现民族解放和国家独立为使命，开展了一场又一场轰轰烈烈的阶级斗争，谱写了中国工人英勇抗争的历史传奇。香港海员大罢工、安源路矿工人大罢工、京汉铁路工人大罢工、五卅运动、省港大罢工等声势浩大的工人运动，展示了中国工人阶级的强大力量和斗争精神。以独立姿态登上历史舞台的中国工人阶级，前仆后继、浴血奋战，在夺取新民主主义革命胜利的过程中建立了不朽的功勋。

新中国建立后，随着历史任务的转变，中国工会积极响应党的号召，带领工人阶级为建立和巩固人民当家作主的新政权，进行社会主义革命和建设付出了艰辛的努力。广大职工群众以主人翁的姿态投入社会主义各项建设事业，发奋图强、艰苦创业，开展了一场又一场的社会主义劳动竞赛，涌现出孟泰、王进喜、邓稼先、蒋筑英、时传祥等一大批先进模范人物，为实现民族复兴和国家富强不吝汗水和体力，在推动我国初步建成独立自主的工业体系过程中展现出了无私奉献的主人翁精神。

在改革开放时期，中国工会主动适应社会主义市场经济体制的转变，带领广大职工紧紧围绕党确定的目标任务，坚持和发展中国特色社会主义，开拓进取、锐意创新，大力支持改革，积极投身社会主义现代化建设，经过长期探索走出了一条中国特色社会主义工会发展道路。

党的十八大后，中国特色社会主义进入新时代。习近平总书记对党的工运事业和工会工作高度重视，深刻阐明工人阶级和工会工作一系列方向性、根本性、战略性重大问题，形成了习近平总书记关于工人阶级和工会工作的重要论述，为新时代工运事业与工会工作创新发展提供了根本遵循和强大思想武器。在重要论述精神的指引下，中国工会努力实现工会组织的新使命、新目标，团结动员亿万职工积极建功新时代，奋力开创新时代工运事业和工会工作新局面。

2021 年是“十四五”规划开局之年，是全面建设社会主义现代化国家新征程的起步之年。展望新征程，肩负新使命，中国工会自觉以习近平新时代中国特色社会主义思想为指导，高举中国特色社会主义伟大旗帜，团结带领广大职工群众坚定不移听党话、跟党走，树立必胜信心，凝聚磅礴力量，充分发挥工人阶级主力军作用，不断开拓中国工运事业的广阔前景。站在新的历史起点上，全国亿万职工将更加紧密地团结在以习近平同志为核心的党中央周围，积极投身新时代中国特色社会主义伟大实践，勤于创造、勇于奋斗，齐心协力、锐意进取，为全面建设社会主义现代化国家、实现中华民族伟大复兴的中国梦贡献智慧和力量！

目　录 | Contents

第一章

筚路蓝缕　开天辟地

（19 世纪中叶—1927 年）

中国工人运动的萌芽 ◆◆

中国工人阶级是在 1840 年鸦片战争之后，中国由封建社会逐渐转变为半殖民地半封建社会的过程中，伴随着 19 世纪 40 年代开始的外资企业，60 年代开始的清政府官办企业和 70 年代开始的民办企业而产生和发展起来的。据统计，在 1840 年到 1894 年中日甲午战争爆发前，中国大约有产业工人 10 万余人，到 1913 年第一次世界大战爆发前，产业工人已增加到 100 万人，到“五四运动”爆发前，全国产业工人约 260 万人。这意味着，中国工人阶级作为一个新生的阶级已经产生了。

中国工人运动自工人阶级产生后就具有了自己的萌芽形式。经过长期的自发斗争与痛苦摸索，中国工人能参加的组织，一开始只有封建社会早就有的行会、帮口和秘密结社组织。例如，广州的西家行，上海的行业帮会，以及遍布交通要道与工业区的青红帮组织。

1911 年辛亥革命前后，孙中山为动员和组织工人进行革命活动，曾派人在香港、广州等地，先后组建机器工人参加的“中国研机书塾”“广州机器研究总会”和主要吸收海员参加的“联义社”等。一些人受到欧美各国政治和工运思潮的影响及启发，也掀起了组建与工人有关的政党和工会热潮，与此同时，工人自发组织的一批近代工会也开始崭露头角。这期间，能够说明工人阶级早期斗争中在新觉醒组织方面有明显进步的，应首推辛亥革命前后上海江南制造局工人创立的“制造工人同盟会”与商务印书馆职工组建的“集成同志社”等。在东北中东铁路，在俄国社会民主党与后来布尔什维克的号召、宣传与组织下，中俄工人也先后在中国的土地上创建了“哈尔滨工人团”“哈尔滨工人委员会”和完全由中国工人组成的“工业维持会”等。

1917 年俄国十月革命不仅震撼了世界，也对中国革命产生了深远影响。从此之后，中国工人运动逐步接受新思想的指导，从而开始了它的历史性转折。李大钊等革命先驱者即发表一系列文章，提出知识分子与劳动群众相结合，宣传和组织劳动群众的思想，旗帜鲜明地提出了“劳工神圣”的口号。各种宣传、歌颂劳动者的出版物也相继出现。1918 年 3 月，《劳动》杂志创刊；1919 年 5 月 1 日，《晨报》副刊出版了“劳动节纪念专号”。李大钊、陈独秀、邓中夏、毛泽东等知识分子，都以极大的热情投身教育和动员工人的活动，纷纷以“平民教育讲演团”和主办工人夜校等形式，开始了知识分子与劳动群众相结合的尝试。

1919 年 1 月 18 日巴黎和会召开。中国虽然属于战胜国，但是会议在西方列强的操纵下，竟将战败的德国在中国山东的一切特权转交给日本。这一耻辱的消息传到中国，点燃了中国人民压抑已久的怒火。当时，交通总长曹汝霖因负责把部分权益让予日本，与货币局总裁陆宗舆及驻日公使章宗祥并称为“三大卖国贼”。5 月 4 日，北京各高校 3000 多名学生，在北京天安门前集会，提出了“外争国权，内惩国贼”的斗争口号。会后学生举行了示威游行，痛打了驻日公使章宗祥，火烧了签订《二十一条》的外交次长曹汝霖的住宅。

北洋政府出动警力镇压，大肆逮捕爱国学生。这更加激发了北京学生及全国各界的愤怒，在中国历史上具有标志性、进步性的“五四运动”就此爆发。

早在学生举行游行示威时，许多工人就自发地加入了学生的反帝爱国行列之中。长辛店铁路工人在“五四运动”初期就参加了由学生发起组织的“救国十人团”，他们同学生一道，到车间、车站、农村进行反帝救国宣传。同时，又积极参与了社会上的查抄日货、抵制日货活动。当运动发展到1919年6月上旬时，为了抗议反动政府对学生残酷镇压和无情逮捕的恶行，全国各地社会团体和产业工人以实际行动声援学生。6月5日起，上海工人举行大规模罢工，上海日商的内外棉第三纱厂、第四纱厂、第五纱厂，日华纱厂，上海纱厂和商务印书馆工人全体罢工，参加罢工的人数有2万人以上。6日、7日、9日，上海的电车工人、船坞工人、清洁工人、轮船水手，也相继罢工，总数前后约有10万人。上海工人的奋起斗争迅速波及各地，京汉铁路长辛店工人、京奉铁路工人及九江工人都举行罢工和示威游行。此外，济南、南京、长沙、杭州、无锡等地工人及其他一些城市的工人，都举行了示威游行。在全国各地民众群情激愤的压力下，北洋政府被迫于 6 月 10 日宣布罢免曹汝霖、章宗祥、陆宗舆的职务，中国代表拒绝在巴黎和约上签字，“五四运动”取得了胜利。

由于工人阶级的加入对这场运动的演变起到了决定性的作用，因此它标志着中国工人阶级正式登上了历史舞台。中国工人阶级第一次展现了自己的力量，也使青年学生和革命知识分子看到了工人阶级的巨大潜力，促使和加快他们与工人相结合的步伐，并把中国革命的希望寄予中国工人阶级的身上。“五四运动”后不久，作为马克思主义与工人运动相结合的产物——中国共产党就这样应运而生了。

总之，随着中国近代工业的出现、发展和壮大，中国的工人阶级也从原始、分散和自发的斗争中不断积累经验，同时，一大批接受马克思主义的知识分子有意识地到工人阶级当中宣传社会主义思想，促进了工人阶级不断觉醒，努力实现马克思主义与工人运动的结合，并创建了历史上的第一个工人阶级政党——中国共产党。而一旦有了党的领导，中国工人阶级很快从自在阶级转变为自为阶级，中国工人运动也很快从自发运动走向了自觉运动。

中华全国总工会的诞生

1921 年 7 月，中共一大通过的《中国共产党的第一个决议》明确规定党成立后的中心工作是领导、组织和推进工人运动，基本任务是“成立产业工会”，强调“党在工会中要灌输阶级斗争的精神”。这一决议的制定和贯彻，使中国工人运动发生了根本变化。在思想上，接受马克思主义的教育和指导，工人阶级、工运干部的政治觉悟、理论水平和工作能力不断提高。在组织上，针对行帮会党普遍存在的事实，明确提出组建各种产业工人工会，强调党对工会的领导和独立进取的政策，以避免工会所发动的政治斗争与党的纲领不相符。在策略和行动上，中国共产党运用马克思主义观察和分析当时社会的性质，民族、阶级的矛盾特点和革命发展的趋势，并从中制定与完善工运的方针、任务和策略，保证了工人阶级与国内外敌人的斗争目标明确、进退有据和行动一致。

当时政治环境迫使党的活动只能是秘密的，在共产国际代表马林的提议下，决定成立一个公开的指导全国工人运动

⊙ 第一次全国劳动大会旧址，位于广州市海珠区滨江西路 230 号

的工作机构，后将这个组织定名为“中国劳动组合书记部”（系由日语借用引入，日语“劳动组合”即工会之意，“书记部”是秘书处之意）。1921 年 8 月 11 日，中国劳动组合书记部在上海正式挂牌办公，并出版了机关报《劳动周刊》，在“发刊词”中明确表示，要“本着中国劳动组合书记部的宗旨，为劳动者说话”。中国劳动组合书记部成立后，逐渐成为全国工人运动的总机关和领导单位，并陆续在北京、汉口、长沙、广州、济南设立了分部。

1922 年 5 月 1 日至 5 月 6 日，由中国劳动组合书记部发起，邀请全国各地各党派工会团体，在广州召开了第一次全国劳动大会，这是中国工人阶级第一次全国性的盛会。大会在广州河南机器维持会召开。参加大会的代表来自 12 个城市，共 173 人，代表 110 多个工会组织和 34 万有组织的工人。代表中有共产党员、国民党员、无政府主义者等。大会顺利通过了《罢工援助案》《八小时工作制案》《全国总工会组织原则案》《订立中国劳动歌及劳动旗帜案》《湖南劳工会黄、庞二君被杀及香港罢工沙田海员被杀案》《组织全国人力车夫联合会案》《中国在相当期间内的劳动运动，只作经济运动不与闻政治案》《尊重劳动节及儆戒工界虎伥案》《规定第二次全国劳动大会案》以及《全国总工会未成立以前，请中国劳动组合书记部为全国通讯机关案》（公众临时动议）等10项决议案，其中前3项决议案具有较强的全局性和前瞻性。大会还通过了《第一次全国劳动大会宣言》。第一次全国劳动大会是中国工人运动史和中国工会史上的重大事件。大会确定了中国共产党对全国工人运动的领导地位，通过了以产业组合组织工会的原则，对起步时期中国工会组织的健康发展，具有很强的现实指导意义。这次大会为全国工人运动和工会组织逐步走向团结统一创造了条件，为中华全国总工会的成立作了思想上和组织上的准备。

从1922年1月到1923年2月，中国出现了近代历史上的第一次罢工高潮。1922年1月12日爆发的香港海员大罢工是这次全国性罢工高潮的起点。在香港的中华海员工业联合总会的组织领导下，从1921年9月至1922年1月，曾三次向轮船资本家提出增加工资等条件，但始终未得到答复。海员们于1922年1月12日下午5时开始举行罢工，人数多达3万余人。同时，海员工会领导罢工工人封锁香港，断绝粮食及日用品供应，动员10万名工人离港回到广州，使123艘轮船被迫停驶，市内交通中断，生产停顿，商店关门，香港变成了一个“死港”。2 月 1 日，香港政府出动军警，封闭海员工会，逮捕罢工领导人，并将火炮对准海员工会，抢走海员工会的匾牌。3 月 4 日，几千名罢工工人成群结队，携家带小，离开香港步行回广州，当行进到九龙沙田时，遭到英国军警的射击，打死 6 人，打伤几百人，造成了举国震惊的“沙田惨案”。这一残暴野蛮行径激起了工人们更猛烈的怒火，罢工势头更加强大。工人们团结一致毫不妥协的态度显现了巨大的力量，束手无策的香港当局不得不向工人让步，3 月 8 日，香港当局取消了封闭海员工会的命令，送回工会匾牌，释放了被捕工人，增加海员工资一成半至三成，抚恤沙田死难者家属 1000 元。至此，历时 56 天的香港海员大罢工取得了胜利。

在华中地区声势和影响更大的是安源路矿工人大罢工。1922 年 5 月 1 日，在时任中共湘区委员会书记和中国劳动组合书记部湖南分部主任毛泽东的领导下，安源路矿工人成立了工人俱乐部。俱乐部初建时有会员 300 人，后发展到 700 多人。1922 年 9 月 11 日，毛泽东、李立三、刘少奇领导工人俱乐部向路矿当局提出保护俱乐部、发清积欠工人工资等三项条件，路矿当局不予答复。9 月 14 日工人俱乐部组织安源路矿 1.7 万名工人举行了大罢工，提出了增加工资，废除把头制，承认工会有代表工人的权利，以及改善工人生活待遇等 17 条要求。为了扼杀罢工运动，路矿当局采取了拉拢、企图暗杀罢工总指挥李立三等各种手段。同时出动军警包围工人俱乐部并与工人发生激烈冲突。最后，通过工人全权代表刘少奇、蒋先云等到戒严司令部谈判，路矿当局被迫答应罢工宣言中提出的承认工会有代表工人的权利、增加工资等 13 项条件。罢工取得胜利后，安源路矿工人俱乐部的会员发展到 1.3 万人，组织也进一步走向正规和严密，工人夜校等也有了很大发展。安源路矿工人罢工斗争由于方针策略得当，组织严密，万众一心，从而取得了“未伤一人，未败一事”的圆满胜利，成为当时罢工斗争的典范。

京汉铁路工人大罢工是这次全国性罢工高潮的顶点，罢工最终以失败告终，但它进一步显示了中国工人阶级的力量，扩大了党在全国人民心中的影响。1922 年，在中国劳动组合书记部的领导下，京汉铁路沿线 16 个车站都正式建立了工会，会员达 3 万余人，建立京汉铁路总工会的条件已经成熟，决定于 1923 年 2 月 1 日在郑州举行京汉铁路总工会成立大会。但是，当筹备委员会如期在郑州召开成立大会时，直系军阀吴佩孚竟完全撕毁了“保护劳工”的假面具，派军警包围会场，阻止代表进入。全体代表和来宾冒着生命危险，冲破军警包围，冲进会场，他们在荷枪实弹的包围中宣布京汉铁路总工会正式成立，并决定于 2 月 4 日进行全路工人总同盟罢工。

1923 年 2 月 4 日中午 12 时，全路 3 万多名工人举行同盟大罢工，全路所有客车、货车、军车一律停驶，1200 多公里的京汉铁路交通线陷入瘫痪状态。1923 年 2 月 7 日，在京汉铁路大罢工如火如荼之际，吴佩孚调动 2 万多名军警，在长辛店、汉口、江岸和郑州等地，对罢工进行了残酷镇压，造成中国工运史上最悲壮的“二七惨案”。其中壮烈牺牲的烈士共有 52 人，受伤者达 300 多人，百余人被捕入狱，千余人被迫流亡。其中，京汉铁路总工会江岸分会委员长林祥谦，著名劳工律师、京汉铁路总工会法律顾问施洋等为工运事业献出了宝贵生命。惨案发生后，全国各地的工会大多数遭到破坏或被迫转入地下，中国劳动组合书记部总部也被查封，从北京秘密迁往上海。

“二七惨案”深刻、生动地教育了年轻的中国共产党，它使党认识到在帝国主义与军阀的严酷统治下，单凭工人阶级很难取得革命的胜利，工人运动要蓬勃发展，必须寻找同盟军，必须联合一切革命阶级开展武装斗争。因此，1923 年 6 月，中共三大决定共产党员和社会主义青年团员以个人名义加入孙中山领导的国民党，以建立革命统一战线。在共产国际与苏俄政府的帮助下，1924 年 1 月，中国国民党第一次全国代表大会在广州召开。这次大会标志着革命统一战线的正式建立，实现了第一次国共合作。在这次会议上，孙中山宣布了联俄、联共、扶助农工的三大政策。同时，还制定了新的、进步的劳工政策："制定劳动法，改良劳工之生活状况，保障劳工团体，并扶助其发展。"同年 11 月，中国历史上第一个以政府名义颁布的工会法规——《工会条例》由孙中山亲自颁布。它承认工人有组织工会和言论、出版、罢工等自由。

第一次国共合作的实现和革命统一战线的建立，为中国共产党领导工人运动，打破"二七惨案"以来的沉闷局面创造了条件。共产党人利用在国民党中央和地方工农部担任领导职务的合法、半合法身份，积极恢复和发展工人运动。中国工人运动出现了转机，并很快走出低潮，呈复兴之势。国共合作之后，国民政府管辖的广东地区工会工作迅即得到有声有色的开展，如组织整理了原先派系分歧很大的工会，先后成立了广州工会联合会、中共广东区委工人运动委员会。在以李大钊为首的中共北方区委领导下，被封闭的铁路工会很快得到不同程度的恢复和发展，京汉路、京奉路、京绥路等工会组织相继恢复。1924 年 2 月 7 日，在“二七惨案”一周年纪念日，全国铁路工人代表大会在北京秘密召开，宣告中华全国铁路总工会成立。全国其他地区各行各业的工人运动也陆续开始复苏，并彼此呼应，呈现出欣欣向荣的势头。

1925 年 1 月，中国共产党在上海召开了第四次全国代表大会。这次大会明确提出了无产阶级在民主革命中的领导权问题，强调在逐渐高涨起来的民族革命中，工人要有独立的阶级组织，即成立工会以赞助国民党所指导的国民革命运动。中共四大的决议推动了组建全国性工会组织运动的发展。

1925 年 5 月 1 日至 7 日，在中国共产党领导下，由中华全国铁路总工会、汉冶萍总工会、中华海员工业联合总会和广州工人代表会等当时最大的四个产业和地方工会联合发起，第二次全国劳动大会在广州召开。出席会议的代表有 281 人，代表着 166 个工会与团体和 54 万名有组织的工人。

⊙ 中华全国总工会会址，位于广州越秀南路93号惠州会馆内

这次大会的开幕式与同时召开的广东全省第一次农民代表大会联合举行，并有青年军人联合会的代表参加。大会通过了《工人阶级与政治斗争的决议案》《经济斗争决议案》《组织问题决议案》《工农联合决议案》《铲除工贼决议案》《中华全国总工会总章》《加入赤色职工国际决议案》等 30 多个决议案。大会正式宣告成立中华全国总工会，撤销中国劳动组合书记部，由中华全国总工会统一领导全国的工会组织，还决定中华全国总工会加入赤色职工国际。在这次大会通过的《中华全国总工会总章》中规定：本会以团结全国工人，图谋工人福利为宗旨。第二次全国劳动大会的召开和中华全国总工会的成立，对于即将到来的规模更加空前的工运高潮起到了积极的推动作用。

大革命高潮中的工人运动

中华全国总工会成立后不久，席卷全国的五卅反帝爱国运动就爆发了。这次运动爆发的导火线是“顾正红血案”。1925 年 2 月 9 日，上海日资的 22 个纱厂 4 万余人为抗议厂方无故开除 40 余名工人，拘捕 4 名工人代表，在中共党员邓中夏、刘华等人领导下举行了震惊远东的大罢工，上海二月罢工胜利后工会组织迅速发展引起了日资企业上海内外棉七厂管理人员的恐慌，他们决定利用纱布市场清淡之机，向工人反扑，撕毁协议，取缔工会，开除积极分子，甚至关厂停业。1925 年 5 月 15 日，日本资本家枪杀了领导工友反对关厂斗争的共产党员顾正红。血案发生后，迅速激怒了工人、学生和市民等各界群众，5 月 30 日，各界群众在上海租界举行游行示威，英帝国主义指挥巡捕开排枪射杀聚集在老闸捕房门前示威的工人、学生和市民，当场打死 13 个人，重伤数十人，轻伤无数。南京路上血色弥漫，这就是英帝国主义者制造的震惊中外的“五卅惨案”。5 月 31 日晚，上海总工会宣告成立，并立即发表了《告全体工友书》，宣布从 6 月 1 日起举行全市总罢工。到 7 月 21 日，参加罢工的工厂达到 206 个，罢工人数达 20 余万。在领导工人进行总同盟罢工的同时，上海总工会也利用有利的革命形势，推动了各行各业工人的组织与联合。罢工期间，组织上海各厂工会的运动进入一个蓬勃发展时期，每天都有新的工会宣告成立。到 6 月 7 日，上海总工会所属基层工会已由“五卅运动”前的 20 个增加至 44 个，到 6 月 10 日增加至 67 个，到

7月28日猛增至117个，会员人数达22万人。同时，全国的工会组织也在五卅反帝爱国运动的高潮中，出现蓬勃发展的局面。全总领导下的各地区总工会和全国性产业工会纷纷建立，1925年8月4日，天津总工会宣告成立；1925年9月18日，河南全省总工会在郑州成立；1925年7月6日，由青岛港政局、水道局等单位工会和胶济路总工会联合成立青岛工界联合会；7月20日，济南工人总工会也秘密成立。

省港大罢工是广州和香港工人为声援“五卅运动”而举行的。6月19日，首先是10万香港罢工工人陆续回到广州，接着沙面洋务工人宣布罢工。6月23日，广东各界举行了声讨帝国主义在上海制造“五卅惨案”大会，会后举行了游行示威。下午2时40分，当岭南大学、坤维女子师范学校、圣心书院、执信学校和广州二校及黄埔军校等学生队伍行进到沙基时，沙面西桥旁的域多利酒店上一名外国人首先用手枪向游行队伍打响第一枪，已经处于戒备状态的沙面内西桥脚的英法军队立即用机枪向沙基扫射，游行队伍走避不及，当场死亡多人，造成了“沙基惨案”。惨案发生后，罢工运动迅猛发展，到6月底，参加罢工的香港、沙面和广州各洋行的工人达到25万人之众。在省港大罢工中，为了将工人有序地组织起来，中华全国总工会组织成立罢工工人代表大会，作为罢工的最高议事机关，在代表大会之下，由全国总工会、全港工团联合会和沙面洋务工人罢工委员会推举的13名代表组成省港罢工委员会，作为领导罢工的执行机关。罢工委员会下设干事局、法制局、审计局、会审处等办事机构，出版《工人之路》特号，兴办工人宿舍、食堂、宣传学校和医院等，并建立了由2000多人组成的工人纠察队，负责封锁香港和维持罢工秩序，省港罢工的这套组织机构在团结工人长期坚持罢工的斗争中起了重要作用。这次罢工从1925年6月开始，到1926年10月以胜利结束，坚持了16个月之久，是中国和世界罢工史上坚持时间最长的罢工。它给当时的英帝国主义以沉重打击，也给了广东革命政权以有力的支持，为随后的北伐战争准备了舆论声势，并在中国工人运动史上留下了扬眉吐气的豪迈记录。

1926年5月1日至12日，中华全国总工会在广州召开第三次全国劳动大会，出席大会的代表502人，代表全国699个工会组织，124万会员。英国、俄国、法国、德国、美国和日本等国家的工会代表也出席了大会。大会期间，为职工运动死难烈士及廖仲恺竖立纪念碑并举行了追悼会。大

⊙ 省港大罢工工人游行队伍

会上，刘少奇代表中华全国总工会作工作报告，再次重申工人阶级在国民革命中的领导地位。李立三汇报了参加赤色职工国际会议的情况，认为“中国工人在世界职工运动中已经占了很重要的位置”。大会通过了《中国职工运动总策略决议案》《组织问题与其运用之方法决议案》《经济斗争最近目标与其步骤决议案》《罢工战术决议案》《宣传教育问题决议案》《工会运动中之女工及童工问题决议案》《劳动法大纲决议案》《失业问题决议案》《合作社问题决议案》等 9 个决议案和 9 项工作报告决议。这次大会根据当时的革命形势，强调中国工人阶级是国民革命的领导阶级，提出了工人阶级当时的中心任务：巩固和扩大自己的组织，切实联合农民、小商人、学生及社会上一切国民民众，督促和援助广东国民政府北伐，消灭封建军阀，以期早日完成国民革命，统一中国。大会发表了《为促进北伐向国民政府请愿书》，要求国民政府出师北伐。

1925 年 6 月 5 日，广东国民政府决定出师北伐之后，中华全国总工会发表了《对国民政府出师北伐宣言》，号召工人参加和支援北伐战争，提出在国民革命军胜利的地方，启封被反赤军封闭的工会，释放被捕工人领袖，恢复被通缉和失业工友的工作，使以前罢工胜利的条件得以履行，被惨杀死伤的工友得到抚恤和救济。在政治上，要求颁布保护劳工的劳动法，发展工人运动的工会条例，要求工人有集会、结社、言论、出版、罢工的自由。《对国民政府出师北伐宣言》为工会运动在北伐战争中的蓬勃发展提出了方针、策略，同时也为各地革命工会充分利用北伐战争的历史机遇来发展工人运动，及时提供了指导。随着北伐军的北上，中国工人运动也一路向北。在两湖地区，北伐军进入湖南后，拥有10多万会员的湖南全省工团联合会发动全省工人，为北伐军带路、送信、收集情报、运输等。在醴陵、长沙、平江、岳阳等战役中，工农群众则直接参加了战斗。在湖北，当北伐军攻打武汉时，工人则在内部予以配合，汉阳兵工厂工人举行罢工，铁路工人组织破坏队，牵制军阀的行动。在工农群众的大力支持与配合下，北伐军所向披靡，在不到半年时间里，打败了吴佩孚，赶走了孙传芳，占领了半个中国。

1927年1月1日，国民政府从广东迁到武汉，中华全国总工会1月18日发表告全国各工会书宣布北迁武汉，在广州设办事处，并于2月初迁到汉口。2月20日到26日，全国总工会在汉口召开执委扩大会议，通过了《全国工人阶级目前行动总纲》等决议案。随着国民政府和全国总工会由广州迁往武汉，武汉成为全国革命运动的中心。在此期间，中国工人阶级还创造了一个伟大壮举，胜利开展了收回汉口、九江英租界的斗争。这是鸦片战争以来中国人民反帝外交斗争史上的一次重大胜利，也是大革命高潮中工人运动取得的突出成就。

武装起义是工人运动的最高形式，从 1926 年 10 月到 1927 年 3 月，上海工人在中共上海区委和上海总工会的领导下，为响应北伐军先后进行了三次武装起义。第三次武装起义是在北伐军兵临城下、驻守军阀已经完全丧失斗志的条件下发动的。上海工人在中共的领导下，汲取了前两次起义失败的教训，充分发动群众，组织了 5000 人的工人纠察队，80 万工人参加了总同盟罢工。1927 年 3 月 21 日，上海工人第三次武装起义取得胜利后，成立了包括资产阶级、小资产阶级和北伐军将领在内的上海特别市临时委员会，准备正式建立上海市市民政府。上海总工会领导下的工会组织发展到 502 个，会员总数达 82 万余人，把大革命高潮中的工人运动推向了巅峰。

第二章

山重水复　峰回路转

（1927—1937 年）

大革命失败下的工运暗夜

上海工人第三次武装起义后，蒋介石于 1927 年 3 月 26 日自芜湖赶到上海，派人给上海总工会赠送亲题“共同奋斗”的锦旗以示敬意。但实际上，蒋介石这时已经开始与帝国主义、江浙财团和黑帮势力勾结起来，加紧准备反革命政变。1927 年 3 月 6 日，蒋介石蓄意制造了“赣州惨案”，杀害江西省总工会执行委员、赣州总工会委员长、共产党员陈赞贤；16 日，捣毁九江市总工会；23 日，捣毁安徽省总工会；30 日，袭击杭州市总工会。

4 月 11 日，蒋介石发出“已克复的各省一致实行清党”

的指令。当天晚上，青帮头目杜月笙以宴请为名，诱杀上海总工会委员长、共产党员汪寿华。12日，全副武装的青洪帮冒充工人袭击工人纠察队，蒋介石借“调解工人内讧”之名收缴工人纠察队武装，占据上海总工会。13日，宝山路上的请愿群众惨遭枪杀。14日，上海特别市临时政府、上海总工会及所属工会全部被封闭，大批工人领袖和共产党员被捕杀害。在“四一二”反革命政变后短短几天，上海工人被杀害者300余人，被捕者500余人，逃亡失踪者5000余人。继上海之后，江苏、浙江、福建、安徽、江西、广东、广西等省的许多县市，也都陆续发生了同样的反革命政变。在4月15日广州反革命政变中，省港罢工委员会的武装被解除，中华全国总工会广州办事处、省港罢工委员会、广州工人代表大会及其所属工会、中华海员工业联合总会、全国铁路总工会广州办事处、香港总工会等全部被查封，2100余名共产党员和工人积极分子被逮捕，100余人被秘密杀害，2000多名铁路工人被驱逐。

“四一二”反革命政变发生后，国内政局迅速逆转。除以张作霖为首的北京政府外，蒋介石于4月18日在南京另行成立“国民政府”，以与武汉的国民政府相对立。当时，在全国形成了北京张作霖、南京蒋介石和武汉汪精卫三个政权相对峙的局面。此时，武汉政府处于新旧军阀的包围之中，已是风雨飘摇、岌岌可危。在这样严峻的局势下，1927年6月19日至28日，第四次全国劳动大会在汉口召开，到会代表420人，代表全国有组织的工人290余万人。苏兆征宣布大会开幕，全体起立，为各地死难烈士默哀5分钟。在开幕式上，共产国际代表罗易、中共代表蔡和森、共青团代表徐伟、国民军总政治部代表郭沫若先后发表演说。这次劳动大会的中心议题是如何挽救中国革命。大会通过了关于政治报告、国民革命前途及工会的任务、组织问题、经济斗争、女工、童工、失业等10多个决议案。这些决议案着重强调了三个问题：第一，蒋介石叛变革命以后，工人运动的主要任务是“联合农民、小资产阶级和一切革命人士，向反革命的中心英勇进攻”。第二，在各种反革命势力联合进攻工人阶级的情况下，必须巩固和发展工人组织，加紧组织工人武装纠察队和秘密工人武装。第三，农民是工人阶级最可靠的同盟军，工人阶级必须“援助农民实现土地革命，打倒土豪劣绅建立农村的民主政权，以扩大革命的基础”。但是，由于中共五大都没有彻底纠正陈独秀的右倾错误，四次劳大

⊙ 1927 年 6 月 19 日，第四次全国劳动大会在汉口召开

提出的某些挽救革命的正确主张，亦未受到重视而加以实践。就在6月28日大会闭幕当天，训练有素的5000人工人纠察队被强行解散。在汪精卫授意驻武汉国民军35军军长何健向全国发出《讨共宣言》并解散武汉总工会的情况下，陈独秀领导的中共中央常委扩大会议竟然通过了《国共合作十一条决议》。党的右倾错误导致工人运动惨遭镇压并走向低潮。

1927年7月15日，汪精卫悍然“分共”，正式同共产党决裂，公开背叛革命，大肆摧残革命工会，强令省内一切团体停止活动，听候改组，并派军队占领中华全国总工会等工会会所。在“宁可枉杀一千，不可使一人漏网”的血腥口号下，大规模屠杀共产党人和工农群众。从蒋介石发动“四一二”反革命政变到1928年上半年，全国被杀害的革命者达31万人，大革命时期建立起来的工会，全部被摧垮，或被封闭解散，或被迫转入地下。第一次国共合作终于全面破裂，持续三年多的轰轰烈烈的大革命以失败告终，中国工人运动由此转入低潮，进入空前艰难的时期。

坎坷行进下白区工运的星星火种

经过“四一二”和“七一五”两次反革命政变，革命形势急转直下，神州大地笼罩在一片白色恐怖之中。以蒋介石为代表的反动军事独裁集团，一方面举起屠刀，疯狂镇压革命的工人运动；另一方面接过工会的大旗，组织御用工会；同时运用多种政治手段，颁布种种法令法规控制工人运动，严禁工人罢工、怠工、集会、游行。所有这些手段的运用，其目的就是要彻底剥夺工人阶级在革命高潮时期争得的一切政治权利。在这种大形势下，资本家也纷纷反攻倒算，不仅撕毁了所有对工人有利的劳资协议，而且还大批开除参加过斗争的工人。一时间，真可谓黑云压城、满天阴霾。

为了挽救处于危难中的革命力量，中共中央进行了紧急改组，并决定于 1927 年 7 月下旬集合自己掌握和影响的部分国民革命军南下广东。鉴于时局的紧迫需要，决定集结革命力量在南昌举行暴动，8 月 1 日发动了著名的“南昌起义”。8 月 7 日，中国共产党在汉口秘密召开中央紧急会议，即“八七”会议，改组了党的领导机构并结束了党的右倾错误。

但是，在“八七”会议上通过的《最近职工运动决议案》和中华全国总工会随后发表的《反抗压迫工人工会的宣言》对大革命失败后的形势都没能作出正确客观的判断，不承认革命的失败，看不到在中心城市敌人统治势力的强大，以及他们对工人运动镇压的残酷，还一如既往地号召工人像革命高潮时期那样“勇往直前地奋斗”，时刻准备领导并参加武装暴动，推翻反革命政权。不懂得复杂的斗争情势需要运用灵活多样的斗争策略，不善于利用国民党的御用工会以及利用公开合法的条件和敌人内部的分歧进行合法的斗争，而是对合法存在的工会一律斥之为“黄色工会”，认为“职工运动目前的重要点，就是真工会与假工会之战”，全国总工会立场坚定、毫不含糊，“秘密地组织起来，仍照从前一样指导全国工人的斗争”，要求“工人阶级只能承认我们工人选举的真正工会领袖，反对新军阀无耻官僚的御用工贼霸占与改组的假工会”。虽然这些浴血反抗无论从政治上还是从经济上，都的确给了反动统治集团沉重的打击，然而，力量悬殊的对比势必使工人运动受到更大损失。潜滋暗长的“左”倾思潮也必然会严重影响领导者的判断力，使革命的征程更加曲折坎坷。

党在摆脱陈独秀的右倾错误后，却又接连出现了以瞿秋白为代表的“左”倾盲动主义、以李立三为代表的“左”倾冒险主义和以王明为代表的“左”倾教条主义。三次“左”倾错误都没能顺应中国革命的中心向农村转移的形势，将白区工人运动的方针、政策也采取相应的改变，反而坚持城市中心论，完全看不清大革命失败后革命力量尤其是工会组织与工运领袖惨遭镇压、工运力量严重受挫、革命处于敌强我弱的低潮期的情势，不承认城市中敌强我弱的事实，更看不到中国产业工人队伍弱小的真实现状，还在幻想着如同十月革命一样的一呼百诺，一举推翻反革命政权。因而不断要求工会工作以夺取政权为目标，不断策划暴动。他们要求工人暴动、暴动、再暴动，结果使得大革命失败后幸存下来的那一点点有组织的工人的有生力量，受到了几乎倾覆性的打击。据中共六大时的统计，全国的工会组织由 734 个锐减到 81 个，工会会员人数很少，而且不能公开活动。暴动带来的惨痛教训，也逼迫那些热血领导者冷静下来思考对策。于是，1928 年 6 月，党的六大开始部分地纠正了党内的“左”倾错误，使得白区工人运动有了一定恢复。与此同时，国民

中華全國工人鬥爭綱領

⊙ 第五次全国劳动大会通过的《中华全国工人斗争纲领》

党内部派系纷争的加剧也为工人运动的发展创造了契机。在这种形势下，随着革命形势的稍稍好转，党内的“左”倾思想又重新抬头。

1929年11月7日至11日，第五次全国劳动大会在上海秘密举行。出席这次会议的代表共有29人，来自全国8个省市地方工会、5个产业工会和闽西苏区，代表上海、天津、中国香港地区等地及苏区和海员、铁路等产业的赤色工会会员39800余人。大会通过了《工会组织问题决议案》《中华全国工人斗争纲领》《工人委员会决议案》《对黄色工会问题决议案》《农村工人工作大纲决议案》等12个决议，并发表了《告红军将士书》《致赤色职工国际及世界各国工人书》等13项宣言、通电和告工人书。总的指导思想是“革命高潮就要到来”，工人运动的方针“已不是发动日常斗争”，而是组织政治罢工“实现武装暴动，夺取政权”。党中央政治局次年6月还通过了李立三起草的《新的革命高潮与一省数省的首先胜利》的决议，并制订了一个全国中心城市武装起义和集中全国红军攻打大城市的计划，并雷厉风行地把中央和地方各级党、团、工会的领导机关合并成了各级行动委员会，为起义做准备。这个计划落实的结果是工人革命力量的严重损失，赤色工会组织被破坏，工会干部被捕被杀。赤色工会会员从计划制订时的2012人，短短半年时间，只剩下了700人。据1930年10月统计，在中国工人最集中的上海，赤色工会的会员已不到300人，赤色工会的会员比党员还少！

1931年1月，中共六届四中全会王明上台后，清算了李立三的“左”倾政策。然而，他们认为李立三的错误是在“左”的词句下掩盖的右倾实质，于是在这种教条主义的“左”倾错误下，全国总工会在“斗争高于一切，一切为了斗争”的口号下，经常无条件地号召和组织政治罢工、游行示威以及武装暴动等冒险行动，几乎把纪念日变成了冒险主义“教徒”的“礼拜日”，使党和赤色工会几乎损失殆尽。到了1932年底，中共中央和全国总工会领导机关在白区已无法立足。全国总工会领导机关于1932年底被迫迁到苏区。而白区工作则由1933年建立的全总华北办事处和全总上海执行局承担，这两个机关也先后于1935年和1936年6月结束了活动。

从大革命失败到1935年底，在这长达八年多的时间里，在党的三次“左”倾错误的领导下，白区工人运动在坎坷中艰难行进。1935 年长征途中的遵义会议，结束了王明“左”倾教条主义的统治，确立了毛泽东的领导地位。认识到“对白区群众斗争的领导方式，必须有彻底的转变”，同年 12 月的瓦窑堡会议，确立了建立抗日民族统一战线的总策略，实现了党的政治路线的重大转变，也清算了工人运动中的“左”倾错误，实现了白区工运方向的根本转变，使白区工会工作有了正确的方向。在 1935 年至 1937 年抗战爆发前，随着民族矛盾的上升，在中国共产党的领导下，工运方针、任务与策略逐渐发生了转变，这些转变主要有：工运不再是暴动，而是以防御为主，积蓄力量以待机会；讲究斗争策略，利用一切合法、非法、公开、秘密的方式争取政治的、经济的、日常的、具体的胜利；取消秘密的赤色工会，采用灵活多样的组织形式，广泛联系和组织广大工人群众。

1935 年华北事变后，中日民族矛盾上升为民族利益的主要矛盾，国内的阶级矛盾降为次要矛盾。全国人民的抗日情绪日渐高涨，各地纷纷成立各种抗日救亡团体。1936 年 5 月 31 日，全国各界救国联合会成立。在救国会中，工人阶级是主要力量。而在日本加紧对华军事侵略的同时，日本资本家也利用其在中国的政治势力和经济实力，拼命排挤中国民族工商业，更加残酷地剥削中国劳工，于是，各地工人频繁反抗，火山终于在沉默中爆发了！1936 年 11 月，在中共领导的工会组织的主导下，上海全市 30 家日本纱厂的 4 万余名工人举行罢工，经过近 20 天的抗争、相持，迫使日本资本家部分地接受了罢工条件。几乎与此同时，青岛 9 家日本纱厂 2.4 万余名工人在工会领导下举行反日大罢工，并取得了胜利。

上海、青岛日本纱厂两次罢工的胜利，是在中共抗日民族统一战线方针指引下取得的，也是运用新的工人运动方针策略的胜利。这个胜利的重大意义在于，它是白区工人经济斗争与抗日救亡运动相结合的胜利，因而成为抗日战争准备阶段的重大事件之一，被毛泽东称为中国革命新时期的第一阶段的标志。

农村革命根据地的工运之光 ◆◆

中共“八七”会议后，确立了土地革命和武装斗争的总方针。中国革命的中心从城市向农村转移。毛泽东在井冈山点燃了“工农武装割据”的星星之火，也给中国革命找到了一条生路。很快，在闽、浙、湘、豫、皖、鄂交界处建立了大小十几块农村革命根据地，建立了苏维埃政权，工农武装割据渐成燎原之势。随着党的斗争策略的调整，党所领导的工人运动也顺应形势进行了调整，苏区工会于是随着苏维埃政权的建立应运而生，并在苏区得到了发展壮大。

苏维埃政权是人民的政权，苏区的工会，是建立在工人阶级领导的工农民主政权之下的工会。因此，苏区工会从一开始就得到了工农民主政权的法律保障，工会在白区和苏区是两重天。工会在苏区建立和开展工作，与在白区有着截然不同的特点和根本的变化。1929 年 12 月，全总关于苏区工会的第一个文件《苏维埃区域工会工作大纲》指出:“苏区工会工作的根本路线是‘要发挥无产阶级在农民斗争中的领导作用’”。强调“苏维埃区域的工人运动是目前我们在苏维埃区域中最重要的工作”，必须“动员这些区域的城市工人(虽然数量很少)和乡村的广大雇工群众加入工会”。1930 年 10 月，全总召开了常委扩大会议，对苏区工会问题作出了相应的决定，次年 2 月，在赣西南的吉安富田村建立了中华全国总工会苏区执行局，7 月，经兴国迁至瑞金县叶坪。从此苏区的工会工作有了组织保障。

⊙《苏维埃区域工会组织大纲》。1929 年全国总工会常委会第二十二次会议讨论了苏区工会工作，年底公布了《苏维埃区域工会工作大纲》

1933 年 2 月，全国总工会从上海迁到瑞金后，将中华全国总工会与全总苏区执行局合并，统称为中华全国总工会苏区中央执行局（简称全总苏区中央执行局），同时保留全总名义，用以指导全国工人运动。刘少奇任委员长，陈云任副委员长兼中共全总党团书记，梁广为组织部长。1933 年 4 月到 7 月，全总苏区中央执行局先后在瑞金建立了 5 个苏维埃全国性产业工会：中国农业工人工会、中国苦力运输工人工会、中国店员和手艺工人工会、国家企业职工工会、中国纸业工人工会，使工会组织也得到了发展。

苏区工会的建立和工作开展，给当时落后的中国农村革命根据地注入了先进生产力的新生命力，使共产党领导的农村武装革命有了与旧式农民起义完全不同的性质。所以，毛泽东曾在第二次苏维埃代表大会上对苏区工会给予了高度评价，他指出：苏区工会是组织坚强的阶级工会，是苏维埃政权的柱石，是保护工人利益的堡垒，是广大工人群众学习共产主义的学校。

由于特殊的国情和形势，中国工会运动在不同地域和时期呈现着完全不同的面貌，苏区工会就宛如一个结合点和集大成者，给中国工会运动积累了诸多有益的经验。在苏区工会的努力下，根据地工人积极参加苏区的经济建设，参加苏维埃政权的建设，参加土改和查田运动，甚至直接参军参战，还组建了以梁广为师长的赫赫有名的红军工人师，工会工作搞得有声有色。

到 1934 年 3 月，除鄂豫皖未统计外，苏区工会会员已达 35 万余人。在全总苏区中央执行局的领导下，各地苏区工会贯彻执行苏维埃政府的劳动法令，改善工人生活，教育和组织工人群众参军参战，支援前线，为革命战争的发展和根据地的巩固作出了贡献。1934 年 7 月，全总苏区中央执行局迁往瑞金云石山。1934 年 10 月，中央红军北上转移后，全总苏区中央执行局停止了工作。红军长征到达陕北后不久，1935 年 10 月，中华全国总工会决定撤销苏区中央执行局，成立中华全国总工会西北执行局。

苏区工会工作的开展本应根据中国革命的实际情况来进行，然而一些工会的领导人却认识不到这一点，没能真正把握苏区工会和白区工会的不同，出现了一些政策上的“左”倾表现，因而也给苏区工会工作造成了一些负面影响。这些表现或者是在《劳动法》中有不切实际的规定，或者是沿用罢工、示威等斗争方式以致影响到整个大局。这些“左”倾做法在实践中不断受到批评和抵制，不断地碰壁，直到刘少奇和陈云到了苏区后，才对这些“左”倾错误进行了纠正。

苏区建立在经济落后的中国乡村，苏区工会的构成并不那么纯粹，数量极少的产业工人是随着根据地的军需工业的发展而产生的，根本就没有大工业的工人，所以，苏区工人阶级的构成除极少数从大城市与工业区撤退转移的产业工人外，其余的绝大多数是手工业工人、店员、运输工人，还有一部分雇工。然而，尽管存在着一些局限，但苏区工会的创建和工作开展，仍然使得工人阶级成为革命武装力量中的领导力量。

第三章

烽火连天　奋发图强

（1937—1945 年）

工人团体救亡运动的高涨

1937 年 7 月 7 日，日本侵略军制造了卢沟桥事变，抗日战争全面爆发。第二天，中共中央发出通电，号召“全民族实行抗战”。9 月 22 日，国民党中央通讯社发表了《中国共产党为公布国共合作宣言》，次日，蒋介石发表谈话，在事实上承认了中共的合法地位。从此，以两党合作为基础的抗日民族统一战线方始形成。中国共产党主张实行全面抗战，提出了一条广泛发动群众、武装群众、依靠群众对日作战，实行人民战争的全面抗战路线。由此，中国工人运动因抗日救亡从大革命失败后的步履蹒跚中迎来了新的转机。

中国共产党利用与国民党结成的抗日民族统一战线，建立了由自己领导的工会组织，积极开展群众性的抗日救亡运动。1937 年 9 月和 1938 年 2 月，中共北方局成立了实际由共产党人掌握领导权的山西省总工会和“第五战区职工抗日总会”（山东省总工会的前身）。这两个工会组织发动工人积极参加抗日救亡运动，建立工人武装，发展基层工会组织，为工人争取生活待遇等。至 1939 年 6 月，山西地区建立县工会 37 个，区工会 96 个，煤矿与瓷业工会 22 个，产业工会 5 个，共有工会干部 3779 人，工会会员约 1.6 万人。在其他地区和城市，也纷纷建立起工会组织和各种形式的工人抗日团体。在淞沪抗战的三个月中，组织起来的各业职工抗日救亡团体达 40 多个，如纱厂工人救亡会、印刷界工人抗日服务团、银钱业职工战时服务团等，并在此基础上成立了上海工人抗日救亡协会。

卢沟桥事变一发生，长辛店工人立即组成了战地服务团，奔赴前线，帮助部队修工事、修枪炮，慰问将士、救护伤员，工人战地服务团甚至还直接参与战斗，破坏桥梁和路轨，阻止日军增援。

⊙ 卢沟桥事变一发生，长辛店铁路工人就组成各种战地服务团体

华北地区的工人群众很快建立起了山西工人武装自卫旅、山东枣庄铁道游击队、淄博矿工武装队、河北磁县工人自卫队、唐山工人特务大队等工人抗日武装。抗战时期，仅华北各地就有 200 人至 1000 人的工人游击队 26 支，200 人以下的有 200 余支。他们在广大人民群众的支持下，活跃在敌占区，用游击战的方式，抵抗着日寇在占领区的统治，打击了日军的进攻，给正面战场以切实有效的支援。在党的领导下，在正确的工运方针指导下，抗战时期的工人运动从一开始就与中国共产党开展敌后游击战争、建立敌后抗日根据地的战斗任务紧密结合起来，以最高的斗争形式——武装斗争来直接参加到民族解放战争的行列中。

在上海、武汉、青岛、香港等中心城市，那些原在日本工厂、日本轮船上工作的几十万中国工人则纷纷举行反日大罢工，与敌人进行斗争。当日军的铁蹄快要蹂躏到那些沿江沿海的工业城市时，无私无畏的工人群众冒着敌机的狂轰滥炸，跋涉千山万水，历尽千辛万苦，帮助国民政府和民族资本家把几百家工厂、几十万吨机器设备搬运到了数千里外的内地，为建立大后方战时经济作出了伟大的贡献。广大工人群众长期生活在贫困线下，为了民族存亡，仍勒紧自己的裤腰带，积极募捐、献金，集腋成裘，聚沙成塔，以微薄之力给全民抗战奉献资金、给予物质上的支持。

1938年3月1日，中共中央致信国民党临时全国代表大会，提出由各党派、各团体拟订统一战线纲领，由各方代表组成由上而下（即中央与地方）的统一战线组织；将已有组织的群众团体加以健全和充实，把无组织的民众组织到各种群众团体中去，按地域原则，在各地组织统一的全国性领导机关。《新华日报》为此发表了《如何动员工人群众积极参加抗战事业》的社论，提出“全国的工人和职员，应当有全国统一的总职工会”。

1938年3月初，由国民党上海市总工会执行主席、中国劳动协会常务理事朱学范发起，以全国邮务工会、中华海员总工会、中国劳动协会、上海市总工会、粤汉铁路工会、湖南省工人抗敌后援会、武汉工界战时服务团等18个国民党工人团体的代表为委员，在汉口成立了中国工人抗敌总会筹备委员会。制定了《中国工人抗敌总会纲领草案》，宣布该会“以普及并统一工人组织，发动全国工人抗敌运动，增加抗敌力量为宗旨”。中国共产党积极支持这一行动，汉口《新华日报》发表了《欢迎工人抗敌总会的筹备组织》的社论。陕甘宁边区总工会发来贺电，并派刘群先、廖似光参加筹备会工作，还由各地党组织、工会推动各地工人团体起来响应。经过两个多月的筹备，又有 16 个省市的 30 多个工人团体和海外 17 个工人团体登记入会，准备正式成立中国工人抗敌总会。但是，国民党当局用拒绝办理备案和其他种种压制破坏手段，迫使筹备会于 5 月宣告结束。这次工人阶级的统一行动虽然被迫流产，但为抗日根据地工会与国统区工会的合作打下了基础，对于党在国统区开展群众工作，产生了积极影响。

国统区、沦陷区的工人运动

1938 年 10 月，武汉和广州相继失守，抗日战争进入了艰苦的相持阶段。此时，国内的形势变得更加复杂。国民党统治集团妥协动摇、消极抗日、积极反共反人民的态度始终未有真正的转变，以汪精卫为首的汉奸集团向敌人投怀送抱、公然投敌，成立伪中央政府，日军停止了对国民党正面战场的战略进攻，对其采用政治诱降为主、军事打击为辅的方针，转而将主要军事力量用来对付坚决抗战的共产党领导的八路军、新四军和抗日军民。

在日军发起强大军事进攻的同时，蒋介石政权却制定了“溶共”“防共”“限共”的方针，不断制造反共摩擦事件，捕杀共产党和抗日人士，加强了对国统区工人运动的高压政策，把不受他直接管辖的工人组织一律取消。许多工运干部和抗日积极分子被捕被杀。即便如此，为了抗日的大方向和大目标，中国共产党对国民党反动派的挑衅和倒行逆施仍保持了极其克制容忍的态度，采取了有理、有利、有节的方针进行斗争。

中国的抗日军民极其艰难，面临存与亡的严峻考验。面对这种复杂的局面，中国共产党为工会运动制定了一系列生存和发展的方针、政策和策略。党对三种不同地区的党的工作包括工人运动都作出了明确指示。1938 年 2 月，刘少奇发表了《工会工作大纲》，这篇文章是中国工会走出迷茫，走向成熟的一个标志。文章根据中共中央全面抗战的指导路线，阐述了工人阶级在抗战中的地位和作用，全面论述了在国统区、抗日根据地和沦陷区这三种不同地区发展工会组织的形式和工作任务等问题。

在国统区，抗战相持阶段是国统区工人阶级开展斗争最艰难的阶段。中共制定了国统区工运工作方针，即在有理、有利、有节的原则下，利用国民党一切可以利用的法律、命令和社会习惯所许可的范围，稳扎稳打地进行斗争和积蓄力量。工人运动的组织形式和工作方式，也尽可能地分散隐蔽，利用合法名义建立经济性、娱乐性团体，工运工作者利用合法身份深入基层，以各种职业为掩护，保存和积蓄力量，把工人群众团结和组织起来。在中共的正确方针指导下，国统区工人运动转向深入，在极其不利的环境下，仍然得到了发展。

1938 年，国民党副总裁汪精卫公开投敌，国统区各大城市的工人群众立即掀起大规模集会示威，声讨汉奸和亲日分子。香港汪派三家报馆的印刷厂工人罢工抗议，中职委和陕甘宁边区总工会随即发动群众声援、募捐，有力地支援了香港工人的爱国行动。进入抗日战争相持阶段，蒋介石政权消极抗战、积极反共反人民，工人群众根本没有自由民主权利，生活也苦不堪言。工人群众开展了争取生存权、要求增加工资改善生活待遇的斗争。然而，因为正处于抗日相持阶段的特殊困难时期，工人群众都只采用交涉、谈判等温和方式，不到迫不得已不罢工、不怠工。在工人群众为战时工业的发展付出艰辛劳动、作出重大贡献、给予前线有力支援的同时，他们还忍受着巨大的经济和生活的痛苦，表现出了令人感佩的崇高民族大义。

此时，国统区工人运动的主要任务是结合维护工人切身利益的斗争，动员和组织工人群众更加积极地投入扩大和维护广泛的抗日民族统一战线。抗战后期，国民党统治日益腐败，工人和广大民众的政治权利被剥夺，人身安全毫无保障，蒋、宋、孔、陈四大家族大肆搜刮民脂民膏，聚敛财富。经济出现严重危机，物价飞涨，工人大批失业。广大工人要求保障工作、维持最低生活和反对特务迫害的斗争日益发展。在中共南方局主要负责人周恩来、王若飞的领导下，在陪都重庆持续十余日，累计有 20 余万工人和各界群众参加的反对特务迫害、争取人民民主的“胡世合运动”就是影响最大的一次。

在沦陷区，抗日战争进入相持阶段后，华北、华东、华南沿海沿江和沿铁路线的大中城市和工业集中的地区几乎都落入了日寇之手，全国 70% 的近代工业，近 200 万产业工人都成为日本人的掌中之物。在这些地区开展工人运动，对坚持抗战具有重要的战略意义。中共中央发出了《对“五一”

工作的指示》:“应利用一切可能动员党的力量去加强敌我后方中心城市职工运动，把教育和组织大城市中的工人看成中心工作。”在沦陷区，党和工会不是合法的，不能公开活动。日军及伪政权制定了许多统治劳工的法规，还用武力成立伪工会，使其成为控制工人群众为其侵略服务的爪牙。中共中央根据沦陷区的实际情况和党在白区斗争的历史经验教训，对沦陷区的工人运动明确地提出了“十六字方针”，即:“隐蔽精干，长期埋伏，积蓄力量，以待时机。”对沦陷区工运方针、策略和斗争方式都作了正确的规定。1941 年 4 月，中共中央城市工作委员会《关于敌后大城市的群众工作指示》，对“十六字方针”作出了重要说明:“实行党的隐蔽政策时，敌后城市中的党不是脱离群众使党孤立起来，而是以适当的方法建立广泛社会统一战线，适当地进行群众工作，密切党与群众的联系，使党能得到社会掩护，真正地埋藏于广大群众中。”在党的指示下，沦陷区的工人运动，及时从抗战初期轰轰烈烈的工作方式，转变为隐蔽深入和埋头苦干的方式，有效地保存了工人阶级的力量。

日寇铁蹄下的沦陷区，侵略者实行所谓的“治安强化”和经济掠夺，企图实现“以华制华”“以战养战”，最后灭亡中国的侵略目的。他们扶持傀儡政权，建立和发展汉奸组织，对广大民众实行空前野蛮残酷的法西斯统治和压榨、掠夺，沦陷区工人的生存和斗争都遇到了很大困难。共产党和工会虽然不可能合法存在，也不能公开开展工作，但沦陷区的工人运动仍然正确贯彻执行了党的工运方针，采取了更加灵活的斗争方式。比如，对形形色色的汉奸工会，就根据不同情况采取不同对策，有的直接抵制，有的劝谕工人加入以便加以利用，有的则由地下党员夺取领导权，使其为抗日服务。在各行各业，则充分利用各种合法名义和手段，在职工中建立许多经济性、娱乐性和联络乡情、友谊的组织，通过各种方式和渠道把广大职工群众团结和组织起来，为保护民族利益和工人的切身利益，开展抗日活动和经济斗争。虽然极其艰难，但是沦陷区工人运动仍然开展得机动灵活、卓有成效，从经济上和政治上都给了敌人沉重的打击，牵制了敌人的力量，有效地支援了与日寇浴血奋战的八路军和新四军。

沦陷区的工人群众还积极把自己的力量组织在各种团体中，准备武装起义，一俟时机成熟，就与外部进攻的军队里应外合，消灭日本侵略者；执行最广泛的抗日民族统一战线政策，团结一切反对日本侵略者及其忠实走狗的人，为打倒共同敌人而斗争；在工人中训练和提拔大批积极分子，参加当地工作，准备收复失地。在地下党的领导下，普遍开展了张贴标语、散发传单、侦察敌情、瓦解敌伪军警、保护工厂等迎接解放的斗争。

抗日根据地的新劳动者运动

在根据地，工人运动进入良性发展阶段。抗战爆发、国共合作，八路军、新四军挺进敌后，一面配合正面战场，一面独立自主地开展敌后抗日游击战，并逐渐建立了晋察冀、晋西北、晋冀豫、晋西南、山东、苏南、苏中、淮皖中、鄂豫皖等抗日根据地，陕北根据地也发展成了陕甘宁边区。1939 年 4 月 19 日，党中央为加强各根据地和全国工人运动的领导，在延安成立了“中共中央职工运动委员会”（以下简称中职委），1940 年 2 月 7 日，中职委创办了《中国工人》月刊，毛泽东亲自为月刊撰写了《发刊词》。党中央对工会建设和工作发出了一系列指示，规定了根据地工会工作的方向和任务：动员工人参战，争取抗战胜利；积极参加根

⊙ 1940 年 2 月 7 日，作为中共中央职工运动委员会主办的机关刊物，已经沉寂 11 年的《中国工人》在陕西延安第二次创刊

据地一切建设，使工人成为统一战线的模范，成为团结根据地人民的中心；组织城市及乡村工人到工会来，使工会成为有广大工人群众基础和有广泛民主的团体；以马列主义教育工人。

根据地的工人运动开展得如火如荼。根据地的工会组织是随着根据地的建立而建立、发展而发展的。在党的领导下工作，得到政府的大力支持，各根据地都有完善的工会组织机构，到 1945 年初，全国根据地工会会员已发展到了 92 万人之众。抗战爆发后，根据地的工人运动在党中央和中职委的领导下，工人群众不仅踊跃参加八路军，参加反扫荡战斗，还普遍组织民兵、工人自卫军和工人游击队。工人们一手拿枪一手拿锤，边生产边战斗，成为一支有生力量。根据地工会发动和组织工人创建和发展战时工业，广大职工自力更生、艰苦奋斗，在缺乏资金、设备和技术资料的情况下，因陋就简，因地制宜，“自己动手，丰衣足食”，在根据地建立起了近代工业，生产民用工业品和军工产品。各级工会发动工人群众投入大生产运动，号召学习劳动模范赵占魁，积极投入劳动竞赛。轰轰烈烈的大生产运动不仅生产出了民生产品，还供应了前方的八路军和新四军打击日本侵略者。

根据地工业的兴旺，打破了敌人的经济封锁，保证了根据地的生存和发展，支援了抗战，还锻炼和培养了大批工业管理人才和优秀工人。工会在根据地不仅整顿发展工会组织，组织工人发展生产，还在提高工人政治待遇、改善工人生活方面做了大量工作。在根据地，结合减租减息、合理负担和民主建政的群众活动，工会普遍发动工人群众开展削弱封建势力，减轻雇主对工人的剥削压迫，提高工人的政治地位和改善工人生活的斗争。比如选举工人参议员，参加抗日民主政权，执行根据地的劳动政策，适当提高工人工资，组织失业工人兴办手工业生产合作社，组织工人学文化、学政治，开展娱乐活动。这些实实在在的工作使根据地的工人群众感受到了一种新气息，体验了一种新生活，有了奋起向上的积极性，有了抗战必胜的信心。

抗战后期，根据地工会积极行动起来，动员组织工人群众为夺取抗战最后胜利贡献力量。他们发展边区工业，争取两年做到自给，开展以改进质量、提高产量为中心的生产运动，开展评、树、奖励劳动模范活动，参军、参战，以实际行动支援抗日的最后一战。工会组织也不断扩大、健全，1945 年 2 月 1 日，中共中央发出《关于成立解放区职工联合会的指示》，1945 年 4 月 22 日，中国解放区职工联合会筹备会正式成立，并决定于同年 11 月在延安召开解放区职工代表大会，正式成立解放区职工联合会。孰料抗战胜利来得极为迅速，政治、军事形势急剧变化，以至这个大会都来不及召开，日本侵略者就投降了！

为了促进和迎接抗战的最后胜利，更为了抗战胜利后把中国引向光明的前途，中国共产党于 1945 年 4 月 23 日至 6 月 11 日在延安召开了第七次全国代表大会。这是一次具有重大历史意义的大会，大会制定了“放手发动群众，壮大人民力量，在党的领导下，打败日本侵略者，解放全国人民，建立一个新民主主义的中国”的政治路线。中共七大还指出，在最后打败日本侵略者的斗争中，特别是在收复大城市和交通要道的斗争中，中国工人阶级将起重大作用。并根据不同地区的特点，制定了中国工人运动的具体策略和任务。在党的领导下，在抗日战争的最后阶段，中国工人抖擞起了全部精神，准备迎接新世界！

第四章

天翻地覆　高歌猛进

（1945—1949 年）

“第二条战线”的开辟

1945 年 8 月 15 日，日本宣布无条件投降，国内政治形势发生了急剧变化。以国民党反动集团为代表的封建地主和官僚资产阶级同以共产党为代表的人民大众之间的矛盾迅速上升为主要矛盾。中国面临着两个前途、两种命运的决战。

国民党统治集团按照蒋介石的既定方针，计划用战争手段消灭中国共产党领导的人民革命力量。但是，日本投降后立即发动全面内战还有许多困难：国际上，美、英、苏三国从各自的利益和战略目标出发，都表示不赞成中国发生内战。在国内，浴血八年，赶走了日本侵略者，人心思定，全国人民都反对独裁、要求民主，反对内战、要求和平，渴望休养生息，恢复和发展社会经济，国民党内一部分人也反对打内战。国内外压力使蒋介石不得不考虑发动内战可能造成的严重后果。同时，日本宣布投降时，蒋介石全面内战的准备也还没有完成。上述种种情况，迫使蒋介石不得不以国民政府主席的名义，于 1945 年 8 月 14 日、20 日、23 日三次电邀中共中央主席毛泽东到重庆举行和平谈判，企图用“和平”手段，即以共产党人到国民党政府中去“做官”为交换条件，让中国共产党交出军队和解放区的政权，达到消弭革命力量的目的。同时，蒋介石仍然积极进行全面内战的准备。

中国共产党清醒地认识到了国民党假借和平谈判以赢得时间进行内战准备的阴谋，要领导人民争取民主、保卫胜利果实，于是准备用自卫战争粉碎国民党的进攻，争取战后形势朝着有利于人民的方向发展。遵循中国共产党关于抗战后的总方针，1945 年，中国解放区职工联合会筹备会在《中国解放区职工联合会纲领（草案）》中，规定解放区工人斗争和工会工作的具体方针和任务是：扩大与巩固解放区工会组织，动员解放区职工参加恢复发展工业建设，正确贯彻公私兼顾、劳资兼顾、调节劳资关系的政策；开展职工政治、技术、文化教育，保护职工的利益；同时，援助各地工人斗争，促进全国工人运动的团结与统一，争取国内和平民主，积极动员和组织工人群众保卫和建设解放区，增强自卫战争的力量。

国民党为了巩固自己的统治，加紧准备内战，在其统治区域，政治上不断强化对工会的控制，由党政机关会同有关军警机关在各地设立所谓的工运指导机构，摧残破坏工会运动的进步力量，打击、解散或改组、控制中共领导下的工会。1946 年 7 月，国民党中央制定了《复员期间领导工人运动办法》，提出控制和破坏革命工会的方针和措施。各省市国民党机关派出大批官员和特务以“指导员”“特派员”“书记”等身份进入职工团体，以“接收”“整顿”和“改组”为名篡夺领导权。国民党党政机关还向各级工会派遣“工运督导员”、直接控制工会活动，致使很多基层工会的领导权都操纵在国民党党棍、特务、封建把头的手中。

为此，中国共产党在国统区加强了对工会运动的领导，国统区的党组织成立了领导工会运动的专门机构。例如，重庆工人运动领导小组、上海工人运动委员会、北平工人工作委员会、北平平民工作委员会、北平铁路委员会、北平市政工人委员会等。并明确了国统区工会运动的基本方针是：充分利用公开合法条件，采取灵活多样的斗争形式，发展工会进步力量，团结工人群众，广泛开展争取生存权利、改善生活待遇的经济斗争和争取和平民主、反对国民党卖国、内战、独裁的政治斗争。在中共党组织和工会的领导下，工人的斗争不仅在私营工商业中普遍进行，而且发展到许多国民党军警特务严密控制的官办企业，甚至发展到国民党的某些政权机关。这些形式多样的斗争，争取了国统区的人心，对于瓦解国民党的反动统治起到了重要作用。

日本投降后，国统区和光复区的社会经济每况愈下，大批工人失业，仅重庆、昆明、成都、贵阳四城市失业工人约17万人，上海失业工人达15.5万人。又由于物价飞涨、外货倾销、苛捐杂税，广大工人群众处于艰难境地，不得不起来斗争。他们在斗争中提出的要求是：保障就业和救济失业工人，复员外迁和停工倒闭的企业必须给工人发遣散费和回乡费，平抑物价、增加工资、改善待遇等。在光复区，工人群众进行了保护工厂、清算日本大班、检举汉奸、要求复工、改善待遇，反对“甄审”职工、反对国民党“接收工会”等斗争。

在中共党组织和工会的领导下，工人的斗争不仅在私营工商业中普遍发生，而且发展到许多国民党军警特务严密控制的官办企业，甚至发展到国民党的某些政权机关。工人斗争规模和影响较大的有：1945 年 9 月至 1946 年 5 月，重庆十几个行业的数万失业工人参加请愿团，开展三次向国民党当局的请愿活动；平汉、津浦、陇海、京沪等 11 条铁路数万流亡职工代表向国民党交通部请愿，要求发放失业救济费和回乡路费；豫丰等纱厂工人要求增加工资、组织工会，不顾当局血腥镇压，开展罢工斗争；上海沪东工人区组织“失业工人联谊会”，要求复工斗争；上海各业 20 万职工开展要求发放年奖及按生活费指数计算工资的“旧历年关斗争”；各地电讯职工为改善待遇和筹建全国电讯工会的斗争等。

同时，国统区和光复区的工人群众还积极参加和平民主、反对内战的斗争。1946 年 6 月 23 日，国民党发动内战前夜，上海一百多个工会的会员、一百三十多所学校和其他各界人士共 10 万人，在上海北站举行声势浩大的群众集会和示威游行，反对内战，要求和平，欢送请愿团赴南京向当局呼吁和平。请愿团成员马叙伦等在南京下关站却遭到国民党暴徒的围攻毒打。

在所有这些事件中，中共领导下的革命工会都积极引导、组织、支援革命群众，并且教育人民使之认识到，用请愿方式向国民党政府请求和平根本就是与虎谋皮，只有在中国共产党的领导下，从根本上推翻国民党反动统治，才能消除战争祸根，实现人民向往的真正的民主与和平。

在此期间，经过中国共产党、解放区工会的积极努力和中国劳动协会理事长朱学范的支持与合作，国民党当局被迫同意邓发代表解放区工会加入中国劳动协会代表团，与朱学范等一同出席世界工会代表大会。中国工会第一次走出了国门，走向了世界的舞台，第一次展现中国工会的形象，发出中国工人阶级的声音，获得了各国工人代表团的热烈赞扬和支持。在大会成立世界工联时，朱学范当选为世界工联副主席，邓发当选为世界工联执行委员会候补执行委员、理事会理事。中国工会代表在世界性组织中获得了富有意义的一席。中国工人通过参加世界工会代表大会，提高了自己在国际职工运动中的声望和地位，奠定了中国工会运动团结、统一的基础。

1946 年 6 月，在完成战争准备之后，国民党政权在美国的支持下，终于撕毁了停战协议和政协协议，对共产党领

⊙ 1945 年 10 月，朱学范、邓发一同出席世界工会代表大会

导的解放区实行包围进攻和全面内战。生死攸关在此一搏，解放区军民被迫奋起自卫。正当解放区军民在自卫战争中取得重大胜利的时候，国民党统治区却后院起火。以抗议美军暴行和反饥饿、反内战、反迫害为主要内容的人民革命运动空前高涨。在这些斗争中，工会组织和工人斗争也有了新的发展。仅在上海，党的地下组织领导工会就发展到40万人。国民党为了镇压日益高涨的人民革命运动，颁布了《维持社会秩序临时办法》《戡乱总动员令》《戡乱时期紧急治罪法》《后方共产党处理办法》《特种刑事组织条例》《戒严法》等一系列法令。

如果说，军事战场是“第一条战线”，在国统区与反动政府斗争则是不折不扣的“第二条战线”。这条战线没有炮火轰鸣，却从不乏流血牺牲。针对国民党政府的疯狂镇压，中国共产党加强了对“第二条战线”的领导。1947年2月和5月，中共中央先后发出由周恩来起草的关于在蒋管区的工作方针和斗争策略的指示：针对蒋介石集团的镇压政策，要扩大宣传，避免硬碰，争取中间分子，利用合法形式，积极开展经济斗争，力求在为生存而斗争的基础上，建立反卖国、反独裁与反特务恐怖的广大战线。要求在策略上，将直接与迂回、集中与分散、公开与秘密、合法与非法等手段结合起来，在向国民党政权要饭吃、要和平、要自由的斗争中，把为争取生存权利的斗争，逐步提高到推翻国民党反动政权的革命运动的水平。

遵照这些指示，中共地下党领导工会采取公开工作与秘密工作相结合的原则，尽量利用合法的形式，组织工人群众开展了许多经济斗争和政治斗争。国民党为获得美国支持打内战，大肆出卖中国的利益，与美国政府签订了一系列公开的或秘密的丧权辱国的条约协定，美国垄断资本利用这些条约协定中的种种特权，攫取最大利润。大量美资流入中国，对本已处于危机境地的中国民族资本主义经济造成毁灭性的打击，给工人群众带来经济上的巨大损害。工会领导着工人群众配合战场上的自卫反击战，在“第二条战线”搞得风起云涌、风生水起，使国民党政府在汹涌翻卷的人民战争的汪洋大海上等待着丧钟敲响的时刻。

解放区的生产支前运动 ◆◆

抗日战争胜利后，解放区迅速扩大。据 1946 年 6 月中共中央职工运动委员会的不完全统计，仅山东、晋绥、华北三个解放区就有职工189万人，其中还包括了一大批过去革命根据地很少有的近代产业工人。

对新老解放区，工人运动有不同的任务和方向。老解放区工会的主要工作是调整、加强和提高，组织工人努力完成新形势下的各项任务。而在新解放区，迅速开展工会工作则是整个解放区工会工作的重点。对此，毛泽东也特别作了指示："群众工作的内容，是发动人民进行清算汉奸的斗争，是减租和增加工资运动，是生产运动。应当在这些斗争中，组织各种群众团体，建立党的核心，建立群众的武装和人民的政权，把群众斗争从经济斗争迅速提高到政治斗争，参加根据地的建设。"1945年10月，中共中央在《关于加强北满工作的领导给东北局的指示》中强调指出："在各大城市，必须派人成立总工会及青年、妇女筹备会，提出纲领、会章，召开各种会议，实现要求，发动和组织群众，再引导他们走上武装斗争。"遵照毛泽东和中共中央的要求，新解放区工会迅速发动和组织工人群众开展各项工作。

新解放区是从日寇手中解放出来的，在日伪统治期间，汉奸特务作威作福，残害百姓，干了许多伤天害理的事情，如不清算他们就会人心不平、人心不稳。要巩固胜利成果，保卫新生的革命政权，发展大好形势，就必须清理队伍。工会带领工人群众，开展反奸清算斗争，通过控诉、讲理及法办制裁，清算了一批罪大恶极的汉奸、特务、封建把头、日本监工、日本警官等坏人，有力地打击了日本残余势力。清算斗争使工人群众挺直了腰杆，从此把党和工会当作靠山，纷纷要求加入工会，参加革命工作。

日本投降时，各地的工矿企业和交通运输普遍遭到严重破坏，生产停顿，工人大批失业，勉强维持工作的工人生活也很困苦。为了尽快改变工人的艰难处境，工会首先开展救济工人的工作。例如，山东总工会发出《为支援淄博十万工人的斗争给各级工会各业工会的紧急号召》，全省工人和各界民众响应号召，向淄博工人捐助大量现款、粮食和衣服布匹。工会还协助民主政府发放救济款和粮食。为从根本上解决失业工人的生活和工作，工会还想方设法组织工人进行生产自救。例如，大连市工会组织失业工人和家属创办生产合作社，解决了2.5万多人的工作和生活难题。

民主政府和工会领导组织公营企业工人、私营工商业职工、手工业工人和农村雇工积极开展了增加工资运动。公营工厂工人的工资由政府做了统一调整。在私营工商业中，工人在工会的组织下，通过与资本家说理和协商，达到了增资的目的。工会组织还通过对雇工和雇主开展工作，按民主政府有关农村雇工保护法令，在雇主与雇工双方自愿的基础上，把增资内容写进合同。工会还组织工人开展民主评定工资工作，工人增加了工资，增强了团结，提高了生产积极性。

在新解放区，提高工人政治水平、建设民主政权更是大事，各级工会在工人积极分子中办学习班、培训班，学习党的方针政策，启发他们的政治觉悟，培养骨干力量，吸收工人骨干加入共产党和担任领导职务。政权建设是目的。工会工作把支持和参加政权建设作为重要任务，成为政权建设的支柱和坚强后盾。例如，在张家口改造旧政权过程中，有300多名工人当选，占政权机构组成人员的三分之一以上。铁路工人黄元等人当选为察哈尔省的政府委员。1945年10月，中共在大连成立自治政府时，总工会筹备会推行工人代表陈云涛为副市长。总工会还组织工人参政、参警、参军，以巩固民主政权。1946年1月，大连临时参议会成立时，工会选派了31名参议员，市总工会筹备会委员长唐韵超当选为参议会议长。

国民党挑起全面内战后，解放区工人紧急行动起来，“积极生产，武装自卫，巩固后方，支援前线”“一手拿枪，一手拿锤”，边战斗边生产。他们成立工人纠察队，保卫工厂，维持治安，除奸防特，捐钱捐物，支援前线。胡宗南部队进攻延安时，中共中央机关决定暂时撤出，工人群众迅速进行坚壁清野，将全部机器设备产品物资转移掩蔽起来，给敌人留下一座空城。军需厂的工人转移后马上恢复生产，给前线送去枪支弹药。各地工会动员工人参军，建立工人武装，配合正规部队作战。据统计，仅东北各地建立的工人武装队伍就有 2 万多人。他们在保卫东北根据地和最后解放全东北中作出了巨大贡献。

解放区军民团结一致，在经过了 8 个月的作战后，大量歼灭了国民党军队的有生力量，挫败了国民党的全面进攻，国统区人民运动日益高涨。国民党政府前方受挫后院起火，面临着军事、政治的全面危机，一场全国范围的反帝反封建斗争即将发展到新的人民大革命的阶段，预示着中国革命的新高潮即将到来。

为配合这个伟大斗争，1947 年 2 月 7 日，《解放日报》

发表题为《中国工人阶级今天的任务》的社论，号召解放区工人开展“新英雄主义的竞赛”，加紧生产，“为保证人民解放军的足食足衣，加强解放区各方面的力量而立功”。从1947年2月起，工会先后动员和组织广大工人群众，开展了增产立功运动。各工厂和工人都订立了计划、措施及立功条件。在生产中，工人们积极开展竞赛，忘我劳动，互帮互学，改进技术，不断创造新纪录，努力增加产品数量，提高产品质量。增产立功运动充分调动了广大工人群众的劳动积极性，激发了他们的政治热情。工人群众的力量调动起来具有改天换地的能量，为解放区由战略防御到战略进攻做好了物质准备，同时也为工会组织领导工人群众开展生产运动，积累了丰富的经验。

六次劳大和中华全国总工会的重建

1947年下半年，中国人民的革命战争到了一个历史的转折点。10月10日，中国人民解放军总部发表宣言，提出“打倒蒋介石，解放全中国”的口号。当年中央召开的十二月会议上，毛泽东作《目前形势和我们的任务》报告，制定了夺取全国胜利的军事、政治、经济等方面的行动纲领及一系列方针政策，号召:“联合工农兵学商各被压迫阶级、各人民团体、各民主党派、各少数民族、各地华侨和其他爱国分子，组成民族统一战线，打倒蒋介石独裁政府，成立民主联合政府。”

工会组织在革命形势迅猛发展的时刻接受了新的要求和任务:工人阶级要在全民族统一战线中起领导作用，首先需要加强组织的力量。因此，工会组织的统一成为当务之急。

1945 年 4 月 2 日，中国解放区职工联合会筹备成立之初，就决定于当年 11 月召开解放区职工联合大会，正式成立解放区职工联合会，形成一个统一的组织。革命形势的发展将这个组织统一的任务延至两年以后。1948 年 2 月 28 日，中国劳动协会理事长朱学范到达哈尔滨后，建议由解放区职工联合会筹备委员会、中国劳动协会和各地工会共同发起召开第六次全国劳动大会，实现十几年来全国工人的共同夙愿。朱学范到达哈尔滨并决定与中国共产党合作，标志着中国工人运动的统一战线取得了历史性的重大胜利。1948 年 3 月 5 日，中共中央责成中央职工运动委员会通知各解放区，发出了召开解放区工会代表大会，准备成立解放区统一的工

⊙ 第六次全国劳动大会会场外景

会联合会的通知，得到了各地工会组织和工人群众的热烈响应。

1948 年 8 月 1 日至 22 日，第六次全国劳动大会在哈尔滨召开，出席大会的代表共 518 人，代表全国有组织的工人 283 万余名，其中有解放区职工代表、各解放区职工会的代表、国统区城市的工人代表以及各产业部门的代表，朱学范代表中国劳动协会声明该会作为团体会员参加，并派代表出席。从 1929 年五次劳大到 1948 年六次劳大，中间整整间隔了 19 年。因此，这次会议也是自第五次劳动大会以来，中国工会历史上一次人数众多、代表广泛的空前盛会，这时的中国工会，不仅在党的领导下，经过长期的革命斗争，发展成了一支强大的有组织的力量，而且工人阶级的构成和素质也有了空前的提升。六次劳大上恢复了中华全国总工会，重新实现了全国工人阶级的大团结和全国工人运动在组织上的统一。

中共中央向大会发表的祝词中指出，六次劳大的召开，宣告了国民党反动集团在全国工人中的分裂政策已经最后破产，全国工人运动重新在革命的旗帜下统一起来。当前，工人阶级的最大任务，就是首先团结自己，并以自己的英勇奋斗与自我牺牲精神去团结农民、独立劳动者、自由职业者、知识分子、自由资产阶级与一切爱国分子，帮助人民解放军，坚决彻底地歼灭国民党的反动军队，推翻美帝国主义与国民党反动集团的统治，建立独立自由强盛和统一的中华人民民主共和国。

六次劳大的召开和中华全国总工会的恢复重建，在民主革命时期中国工会史上具有十分重要的意义。大会恢复重建了中华全国总工会，实现了全国工会组织的统一。大会选举产生了全国总工会第六届执行委员会，陈云、李立三、朱学范、刘宁一、李颉伯等53人当选为委员。六次劳大后，中华全国总工会健全了领导机构。1948年10月，全总六届执委会在哈尔滨召开首次全体会议，推选陈云为全国总工会主席，李立三、朱学范、刘宁一为副主席。1949年5月，全总常委扩大会议推选刘少奇为中华全国总工会名誉主席。

六次劳大通过了《关于中国职工运动当前任务的决议》，这是一个纲领性文件，它阐明了工人阶级在进行彻底推翻美帝国主义及国民党反动统治集团在中国的统治、建立新民主主义的人民共和国的伟大斗争中，应该而且必须站在最前列，成为各民主阶级人民革命的领导者。中国工人阶级的历史任务，不仅要夺取、保持和巩固新民主主义革命的胜利，而且要在此基础上实现社会主义的前途。《决议》还指出，发展解放区工业生产是解放区工会特别重要的任务。工会工作的任务是遵循党的“发展生产、繁荣经济、公私兼顾、劳资两利”的经济建设总方针，团结全体职工积极劳动，遵守纪律，保护职工的日常利益；教育职工提高觉悟，提高文化水平和技术业务能力，积极参加新民主主义的国家政权、军队、经济、文化各方面的建设工作。

六次劳大后，中国共产党领导的人民解放战争进入了夺取全国胜利的阶段。从 1948 年 9 月起，人民解放军先后发动辽沈、淮海、平津三大战役，解放军的强大攻势如风卷残云、锐不可当，国民党政权迅速土崩瓦解，中国革命已冲破黑夜，就要见到曙光了，中国人民浴血奋斗了二十八年，终于胜利在望！

共产党及其军民激情振奋之余没有忘记未雨绸缪，迎接新任务：建设一个民主、富强的新中国。1949 年 3 月，中国共产党在河北省平山县西柏坡村召开了具有重大历史意义的七届二中全会。毛泽东主席在会上作了报告，提出了彻底摧毁国民党反动统治，迅速夺取全国胜利的方针；确定了把党

⊙ 选举中华全国总工会第六届执行委员会

的工作重心从乡村转移到城市的决策；规定了在全国胜利以后，党在政治、经济、外交方面应当采取的基本政策，以及使中国由农业国转变为工业国，由新民主主义社会发展到社会主义社会的总任务和主要途径。

全国总工会根据六次劳大决议，贯彻党的七届二中全会精神，号召解放区和国统区的工人阶级积极行动起来，全力支援人民解放战争，配合城市解放，为夺取全国解放作出贡献。

毛泽东在党的七届二中全会报告中，明确提出了在城市工作中，必须以恢复发展生产为中心、全心全意依靠工人阶级的重要指导方针。

1927 年大革命失败，其后，中共中央与中国工会都由城市转移到了农村，走上了以农村包围城市、武装夺取政权的道路，革命的主战场在农村，革命队伍的主要成分也就是广大农村的贫苦农民，根据地的工人群众也以当地的雇工、手工业工人、苦力为主，很少有真正意义上的近代工业中的产业工人。虽然共产党从来没有忽略过白区工会工作，但由于国民党的封锁围剿，共产党与城市工人阶级的联系因阻隔而相对疏离。最关键的是，长期在农村革命战争中成长起来的干部，马上就要进城，要领导和管理泱泱大中华了，却对城市工业和城市工人阶级比较生疏，对大量城市解放后我们党应该依靠谁的问题也发生了模糊。这是一个很严重的问题，毛泽东在报告中明确指出：“在城市斗争中，我们依靠谁呢？有些糊涂的同志认为不是依靠工人阶级，而是依靠贫民群众，有些更糊涂的同志认为是依靠资产阶级。”毛泽东说：“我们必须批判这种糊涂思想”“我们必须全心全意地依靠工人阶级，团结其他劳动群众，争取知识分子，争取尽可能多的能够同我们合作的民族资产阶级分子及其代表人物站在我们方面”。

中国革命武装虽然是以农民为主，但它绝不同于历史上任何一次农民起义，这是由中国共产党的性质和我们要建立的人民政权的性质决定的。而工人阶级的特点又决定了它的历史地位与历史使命。作为党的领袖，毛泽东不仅清醒地看到这一点，而且更及时地教育全党干部和同志。全心全意依靠工人阶级，以及在城市以恢复发展生产事业为中心的指导方针的提出，解决了革命工作重心由农村转到城市以后，共产党继续领导人民进行革命和建设的阶级路线和根本指导方针问题，同时也给工会工作和发挥工人阶级作用指明了方向。

在七届二中全会上，刘少奇根据毛泽东的全心全意依靠工人阶级的方针，就依靠工人阶级、发展生产问题作了重要论述。他从三个方面具体加以阐述：保障和提高工人的生活；开展工人政治教育；在工人中发展党员、组织工会，把所有工人都组织起来。刘少奇从第一次大革命时期组织安源路矿工人罢工直到领导白区工会工作，一直都以清醒的头脑和高度的政治水平，为白区工会工作的健康发展发挥着主导作用。为执行七届二中全会精神做好城市工作，刘少奇不仅发表了许多讲话，而且先后到北平、天津、唐山等地检查和指导工作，对当时和新中国成立后的工会工作起了重要的指导作用。

随着辽沈战役和平津战役的胜利，全总先后两次南迁，先由哈尔滨迁至沈阳，再由沈阳迁至北平。1949 年 3 月，全总到达北平，开始加强对全国工会工作的指导。在全面夺取政权前夕，中国工会为落实中共七届二中全会精神，推动华北和全国工会工作的开展，迎接新中国的诞生而努力工作着。

军事上的胜利，使解放了的华北成为战争的后方，它的稳固关系着政权的巩固，也关系着解放全中国的胜利。如何组织工人群众开始经济建设，将战时工业转化为平时工业，进一步发展工农业生产，成为中国工会工作的重中之重。

全国总工会雷厉风行，于1949年5月2日至11日，在天津召开了华北第一届职工代表会议，会议的主要议题就是“动员和组织华北全体职工恢复与发展工业生产，同时帮助农民改进技术，提高农业生产，支援解放军南下，迅速夺取全国胜利”。刘少奇在会上作了重要讲话，提出了将战时工业转化为平时工业的途径和方法，并细致地对国营企业的生产计划、工厂民主化管理、工资待遇和工会组织等问题，提出了指导性意见。刘少奇的讲话不仅有高屋建瓴的原则性、方针性的指导，更有全面周到细致的具体考虑，使与会人员在理论和操作层面上受益良多。会议作出了《关于在国营公营企业中建立工厂管理委员会与工厂职工代表会议的决定》及其《实施条例》、《关于在华北国营公营企业中制订集体合同的决定》和《集体合同的纲要草案》三个重要文件。三个重要文件的出台，革除了国民党统治时期工矿企业中遗留下来的不合理规章制度，规定了企业实现民主管理的实施步骤，协调了工厂行政和工会的关系，稳定了生产和生活秩序，保障了职工的实际收入，调动了广大职工的生产积极性，从而保证了新民主主义劳动政策的全面贯彻，有力地推动了生产的恢复和发展。

随着全国各工业城市的逐步解放，中国工会的组织问题也亟待解决。1949 年 7 月 23 日，中华全国总工会在北平召开了全国工会工作会议，其中心议题就是讨论和解决工会组织问题。夺取政权后面临的劳资关系问题关系着工会工作的方向，也被列为重要议题。与会的 254 名代表来自全国的 72 个单位，他们除工会工作负责干部外，还有省、市党政机关（包括劳动部门、工商部门和一些大型企业）的领导干部。中共中央十分重视这次会议，毛泽东、周恩来、朱德等领导人都到会发表重要讲话。毛泽东在讲话中，进一步阐明了在工会组织建设中团结大多数的思想，提出了党政工共同搞好生产的根本任务，成为当时和新中国工会的指导方针。会议确定全国工会工作的中心任务是，在一年左右的时间内基本上把全国工人阶级，首先是把产业工人组织起来，担负起领导和建设新中国的历史任务。

关于劳资关系问题，此次会议确定了“公私兼顾、劳资两利”的方针，并指出按行业订立劳资集体合同是目前解决劳资关系的中心环节，通过了《关于劳资关系的暂行办法》《关于私营工商业劳资双方订立集体合同的暂行办法》和

《关于劳资争议解决的暂行规定》。这些文件为各地政府劳动部门和工会正确处理劳资关系提供了依据。

新中国成立前夕全总召开的这两个会议，为这一特殊时期的工会工作奠定了一个良好的基础，也使战乱后百废待兴的局面有了法度。中国工会不仅迎来了一个统一的组织，见证了这天翻地覆的历史时刻，而且真正开始成为这段历史的主角。

两个会议之后，中国工会落实中共七届二中全会的措施更加具体，目标更加明确，各地工会工作者都在将战时工业转化为平时工业、发展生产上做了大量工作。工会自身也不断完善组织，1949 年 7 月，经党中央批准，中华全国总工会创办了机关报《工人日报》；同年 9 月，又将原华北职工干部学校改建为全国总工会干部学校，全国总工会的各项工作全面展开。

新中国成立前夕，除华北外，东北、西北、中南、华东各大区都建立了市总工会或筹备机构或全国总工会的办事处，全国已建立了 47 个省市总工会或筹备会和数以万计的基层工会组织，全国总工会领导下的有组织的职工已达 573 万人。

第五章

顶天立地　换了人间

（1949—1956 年）

新中国工运扬帆起航

1949 年中华人民共和国成立，标志着中国人民站起来了。此后，新民主主义革命逐步转变为社会主义革命。1956 年，社会主义基本制度确立起来，实现了中国历史上最伟大、最深刻的社会变革。在这种巨大的变化中，中国工会从遭受压迫、饱受剥削的工人阶级之群众组织，转变为领导国家、自主劳动的工人阶级之群众组织。基于这一深刻转变，中国工会呈现出朝气蓬勃的面貌，团结和带领工人阶级意气风发地前进着。

新中国成立初期，中国工会和工人阶级面临着全新的形势和任务。与此相适应，需要确立新中国的工运方针。基于新民主主义革命在全国范围内的胜利和工人阶级成为新国家的领导阶级，中国共产党七届二中全会提出：必须全心全意地依靠工人阶级；这一重要思想，成为新中国工运方针的根本前提和逻辑起点。七届二中全会还提出：在城市工作中要以生产建设为中心。《中国人民政治协商会议共同纲领》确认："中华人民共和国经济建设的根本方针，是以公私兼顾、劳资两利、城乡互助、内外交流的政策，达到发展生产、繁荣经济之目的。"周恩来则明确指出：工人阶级要参加各种建设工作，而最基本的任务就是恢复和发展生产。这样，动员和组织工人阶级参加生产建设就成为新中国工运方针的基本遵循和中心环节。与相贯通，需要大力发展工会组织。在全国第一次工会工作会议期间，毛泽东指出：工会是工人阶级的群众组织，我们要吸收一切雇佣劳动者，包括进步的、中间的、落后的、参加过国民党和一贯道的，都让其加入工会，只有少数反动分子除外。关门主义在客观上是帮助敌人的。同时要谨防扒手，防止反动特务分子混入工会。新中国成立后不久，刘少奇在文化、教育、艺术工作者座谈会上，对工会组织的发展作了进一步阐述，他指出：工人阶级是国家领导阶级，是以共产党为代表的。但共产党仅是工人阶级的一部分，不是工人阶级的全体。首先必须把工人阶级组织起来，进行教育以提高觉悟。凡依靠出卖劳动力为自己生活的全部或主要来源的人，都是工人。劳动有体力劳动和脑力劳动，因此，职员、雇员也属于工人阶级的一部分，小学教员、中学教师、大学教授、工程师、新闻记者都是工人阶级的一个阶层，都包括在工人阶级之内。工人阶级的中坚部队是产业工人。要把全国 2000 万名工人按产业、职业原则组织起来，而不是以地域为界限。在全国范围内，要使工人阶级的组织大体上统一起来，才能比较好地、系统地动员工人阶级和保障工人阶级的生活。这样，不断发展和壮大工会组织就成为新中国工运方针的重要方面和有力保障了。所有这一切，标志着新中国工运方针初步确立起来了。

与全心全意依靠工人阶级相联系，必须巩固新生的工人阶级领导的人民民主专政的国家政权。虽然这个政权在全国范围内建立起来了，但是被推翻的反动阶级不甘心自己的失败，仍然在进行着种种破坏活动。1950 年，中共中央发出一系列关于镇压反革命的指示。1951 年 2 月，中央人民政府颁布《中华人民共和国惩治反革命条例》，在全国范围内掀起了一场大张旗鼓镇压反革命的运动。工会发动广大职工，揭发、检举、控诉反革命分子的罪行，让反革命分子暴露在光天化日之下。到 1952 年，镇压反革命运动取得了重大胜利，基本上肃清了残留的反革命分子。1951 年底和 1952 年初，党和国家还在全国范围内开展了以反对贪污、反对浪费、反对官僚主义为内容的“三反”运动和以反行贿、反偷税漏税、反盗窃国家资财、反偷工减料、反盗窃国家经济情报为内容的“五反”运动。各地工会抽调大批干部、工人、店员积极分子，组成工作队，发动职工检举、揭发不法资本家的“五毒”行为，与国家机关中的腐化蜕变分子进行坚决斗争。这场运动狠狠打击了不法资本家的违法活动，巩固了新生的人民政权。在国际上，帝国主义仇视中国人民革命的胜利，妄图将新中国扼杀在摇篮里。1950 年，美国侵略中国的近邻朝鲜，严重地威胁着新中国的安全。同年 11 月 6 日，全国总工会发表宣言，谴责帝国主义对朝鲜的侵略，庄严号召全国工人积极抗美援朝、保家卫国。数以万计的中国铁路工人、电讯工人、汽车司机、建筑工人和医务人员，告别家园，分期分批跨过鸭绿江，奔赴朝鲜战场。在国内，工人阶级开展了爱国增产运动，车间就是另一个战场，生产就是不流血的战斗。广大工人的共同心愿是：“多生产一点产品，多增加一份打击美帝的力量。”工人群众还制定了“爱国公约”，积极献工、献金、献物，甚至捐献飞机、大炮，举国上下洋溢着国际主义、爱国主义的热情。有了中国工人阶级的支持，在这场让从未打过败仗的美国第一次俯首的正义战争中，在这场捍卫新生政权的殊死较量中，中国工人阶级的伟大力量得到了充分体现。1953 年 7 月，《朝鲜停战协定》签署。抗美援朝战争的胜利，进一步巩固了新中国人民民主专政的国家政权。

与动员和组织工人阶级参加生产建设相联系，必须把恢复国民经济作为工人运动的重心所在。为尽快恢复经济，工人群众自觉地把家中收藏的生产器材捐献出来，一人带头大家响应，形成了一种自觉潮流。鞍钢工人孟泰带头，仅鞍钢的工人就献出了大小零件 21 万件，为这个全国最大的钢铁企业早日恢复生产作出了贡献。全国总工会总结推广了他们的经验，使献纳器材活动很快推广到全国各地。到 1950 年 6 月底，全国清理出机器 20110 台，钢铁 19.6 万吨，汽车 7961 辆，电动机 5825 台，还有大批其他物资，缓解了恢复生产的燃眉之急。由于焕发了高昂的生产积极性，所以创造出了许多过去从不敢想象的生产纪录。沈阳机床三厂车工赵国有，在1950年的“红五月”竞赛中，把一根车床主轴的时间从56个小时缩减到21个小时，首开新纪录。同年8月4日，他又以2个小时20分做完一个塔轮，创造了仅用定额一半时间的新纪录。中共中央东北局、东北人民政府和东北总工会连续发出指示，号召全体职工学习赵国有，开展创造新纪录运动。之后，又把创造新纪录运动推向全国，起初的个人创造新纪录发展到集体创造新成绩。在实践过程中，出现了沈阳第五机器厂的马恒昌小组，铁路系统的李永率领的“毛泽东号”机车组，煤炭工业战线的刘九学采煤队，冶金系统龙烟铁矿的马万水掘进队，纺织系统的郝建秀小组、裔式娟小组等先进模范个人和集体。在这些工人阶级先进分子的带动下，呈现出一派热火朝天的景象。完全可以说，在恢复生产的热潮中，中国工人阶级成为当之无愧的主力军，有了他们的努力，新政权迅速从百孔千疮的废墟上站立起来了。1950年9月25日至10月2日，党和国家召开了全国战斗英雄和工农兵劳动模范代表会议。毛泽东到会致祝词，高度评价了这些先进人物。他说，你们在消灭敌人的战斗中，在恢复和发展工农业生产的斗争中，克服了许多的艰难困

⊙ 1950 年 9 月 25 日，全国战斗英雄和劳动模范代表会议在北京开幕

苦，表现了极大的勇敢、智慧和积极性。你们是全中华民族的模范人物，是推动各方面人民事业胜利前进的骨干，是人民政府的可靠支柱和人民政府联系广大群众的桥梁。正因为有了这些先进模范人物的榜样，到 1952 年底，经过工人阶级和全国人民的共同努力和艰苦奋斗，国民经济恢复的任务宣告胜利完成。1952 年，全国工农业生产大都达到和超过新中国成立前的最高水平，全国工农业总产值比 1949 年增长 77.5%。钢产量达到 135 万吨，比新中国成立前最高年产量多 43 万吨；原煤 6649 万吨，比新中国成立前最高年产量多 461 万吨；发电量 73 亿度，比新中国成立前最高年发电量多 13 亿度；原油 44 万吨，比新中国成立前最高年产量多 12 万吨。

与发展和壮大工会组织相联系，必须保障职工的合法权益。到 1950 年底，全国建立了 16 个全国性的产业工会领导机构（包括 6 个筹备委员会和 3 个工作委员会），同时还建立了东北、西北、中南三个大行政区总工会，全国总工会华东、西南两大行政区的办事处，47 个直属大行政区的省（市）总工会，176 个省属市总工会以及 168 个县工会和 173 个专区工会办事处。这些工会组织在保障职工权益方面发挥着重要作用。更为重要的是，维护职工权益有着明确的法律依据。《中国人民政治协商会议共同纲领》第三十二条规定："在国家经营的企业中，目前时期应实行工人参加生产管理的制度，即建立在厂长领导之下的工厂管理委员会。私人经营的企业，为实现劳资两利的原则，应由工会代表工人职员与资方订立集体合同。公私企业目前一般应实行八小时至十小时的工作制，特殊情况得斟酌办理。人民政府应按照各地各业情况规定最低工资。逐步实行劳动保险制度，保护青工女工的特殊利益。实行工矿检查制度，以改进工矿的安全和卫生设备。"1950 年，《中华人民共和国工会法》颁布实施。该法律规定："在国营及合作社经营的企业中，工会有代表受雇工人、职员群众参加生产管理及与行政方面缔结集体合同之权""在私营企业中，工会有代表受雇工人、职员群众与资方进行交涉、谈判、参加劳资协商会议并与资方缔结集体合同之权"。该法律还规定，工会有保护工人、职员群众利益，监督行政或资方切实执行政策、法令所规定的劳动保护、劳动保险、工资支付标准、工厂卫生与技术安全规则，以及其他有关条例、指令的权力，负责改善工人、职员群众物质生活与文化生活的各种设施的责任。1951 年，《中华人民共和国劳动保险条例》颁布实施。该条例对职工的生、老、病、死、伤、残实行保险，并根据当时经济建设的需要和物质条件的可能，不断扩大职工享受劳动保险的范围和人数。所有这些，对于保障职工群众的权益具有重要意义。到1952 年，全国各地工人的平均工资，比 1949 年提高了 70%左右；同时，职工住宅、工人疗养院、养老院、托儿所等也纷纷建立起来。职工的其他合法权益，也得到了不同程度的实现。

伴随着新中国工人运动成功起步，新中国工会理论开始得到探索。1950 年 7 月，邓子恢在《关于中南区的工会工作》的报告中指出：在公营企业中，工会和行政双方都是为了国家，同时双方也是为了工人自己的利益服务，因此基本立场是一致的。但是也应该认识到，由于彼此的岗位不同，任务不同，因而彼此的具体立场也应该有所不同。李立三基本赞成邓子恢的观点，撰写了《公营企业工会工作中的公私兼顾问题》一文。李立三认为，新中国成立后工人阶级与人民民主政权的根本利益是完全一致的，在公营企业中，没有阶级对立，行政和工人都是工人阶级。但是，工人群众同国家和企业行政还存在着矛盾，这个矛盾反映在工人阶级的整体利益与个人利益、长远利益与眼前利益的关系上。而工会既然是工人阶级的群众组织，这种矛盾也就不能不反映到工会和国家及企业行政的关系上。李立三又指出，由于新的政权建立后，还会有官僚主义弊病的存在，行政和工会在某些具体问题上发生争论，不仅是不可避免的，而且有时是必要的。最重要的是，作为党和国家高级领导人的刘少奇，撰写了《国营工厂内部的矛盾和工会工作的基本任务》一文。他强调要分清敌对的和非敌对的这两类不同性质的矛盾，“用同志的、和解的、团结的办法来处理人民内部的矛盾”。他指出：“共产党赞成工人们团结在工会之内，保护自己一切正当的不容侵犯的利益。”如果工会不能实现这一点，如果工会脱离了保护工人利益这个基本任务，那么，他们就会脱离工会，甚至还会另找办法来保护他们的利益，工会就会脱离群众。“没有群众参加的工会，或群众对工会表示冷淡，没有热情和积极性，那也就要失去工会应有的基本的作用。”因此，工会工作“必须从普通工人的要求出发，力求实现他们一切合理的能够实现的要求，然后逐步地提高工人们的觉悟，来实现我们党的要求和目的”。所有这些，既对当时的工会事业具有积极的指导作用，又成为后来中国特色社会主义工会发展道路的重要思想先导。

总之，在中华人民共和国成立后的最初三年，在建设新民主主义社会的、以社会主义为方向的伟大实践中，新中国工运事业克服种种困难扬帆起航了。虽然前面的道路并不平坦，但是可以借用列宁的话：“重要的是，坚冰已经打破，航路已经开通，道路已经指明。”

三大改造与工会七大

在新中国成立以后的最初三年，党和国家要巩固新生政权、恢复国民经济；在这种情况下，社会主义革命还没有而且也不可能全面展开。但是，这并不意味着社会主义革命没有开始。就没收官僚资本、建立国营经济来说，这不但是新民主主义革命的任务，而且具有社会主义革命的性质。在建立社会主义国营经济的过程中，工会发挥了重要作用。根据中共中央规定的接收官僚资本企业的方针政策，工会积极组织职工参加对官僚资本企业的接管工作。工人推出代表，成立“清点小组”“帮接管小组”，至1949年底，在工人协助下，国家将采煤、采油、发电、有色金属加工、纺织、化工、造纸、食品等2858家官僚资本企业、原国民党财政金融及交通运输业全部收归国有，有效地控制了国家的经济命脉。不仅在城市基本清理了国民党反动政权的经济基础，而且在此基础上，建立了社会主义的国营经济。这为社会主义改造的全面展开奠定了重要的基础，提供了宝贵的借鉴。

随着国民经济恢复任务的完成，全面的社会主义革命逐步提到党和国家的议事日程。1952年9月，毛泽东明确提出向社会主义过渡的问题，设想在十年至十五年的时间内基本完成向社会主义的过渡。这样，过渡时期总路线得以直接酝酿。同年12月，党中央提出，要在一个相当长的时期内，逐步实现国家的社会主义工业化，并逐步实现国家对农业、手工业和资本主义工商业的社会主义改造。这样，过渡时期的总路线初步形成了。

在过渡时期总路线逐步提出和社会主义改造即将全面展开的背景下，中国工会第七次全国代表大会也在酝酿之中。1953年1月，中华全国总工会六届二次执委扩大会议上，决定在当年5月召开第七次全国劳动大会。在1953年4月召开的中华全国总工会六届三次执委会议上，决定将第七次全国劳动大会更名为“中国工会第七次全国代表大会”。从此，

“工会代表大会”这一名称一直沿用至今。

1953年5月2日至12日，中国工会第七次全国代表大会在北京隆重举行，这是新中国成立以后工人阶级的首次盛会。这次大会的主要任务是：总结六次劳大以来我国工人运动和工会工作取得的成绩和经验，制定国家进入大规模计划经济建设时期工会工作的方针任务，动员全国工人阶级为完成国家经济建设任务而努力奋斗。出席中国工会七大的有来自全国各省、市、自治区和各产业工会的813人，代表全国1020万名工会会员。中央国家机关代表和职工家属代表共175人应邀列席了会议。大会还邀请了以世界工会联合会总书记路易·赛扬为首的代表团和苏联工会代表团及亚洲、欧洲、大洋洲、非洲等20多个友好国家的30多个工会组织的代表77人列席会议。中共中央政治局委员、书记处书记刘少奇代表中共中央向大会致祝词。刘少奇在祝词中对中国工人阶级在夺取民主革命胜利、新中国成立后恢复国民经济和巩固人民民主专政的伟大事业中所作出的伟大贡献，给予了高度评价，并向工人阶级提出新的奋斗目标。他指出，我国正在开始进入一个新的历史时期，并向我们提出新的历史任务，这就是实现国家的工业化和逐步过渡到社会主义社会的

⊙ 1953 年 5 月 2 日，中国工会第七次全国代表大会在北京举行

伟大任务。为了完成新的历史任务，必须充分发挥广大工人群众的积极性和创造性，为完成和超额完成国家的经济计划而奋斗，为提高劳动生产率，提高产品质量，严格节约和降低产品成本而奋斗。大会由刘宁一致开幕词，中华全国总工会秘书长赖若愚向大会作了《关于中国工会工作的报告——为完成国家工业建设的任务而奋斗》的工作报告，报告明确提出了国家建设时期的工会工作任务，即：在中国共产党的领导下，联系并教育工人群众，不断地提高工人群众的觉悟程度和组织程度，巩固工农联盟，团结各阶层人民，积极地完成国家建设计划，并在发展生产的基础上，逐步地改善工人阶级和全体劳动人民的物质生活，为逐步实现国家的工业化和过渡到社会主义而斗争。许之桢作了《关于修改中国工会章程的报告》。

中国工会七大选举产生了中华全国总工会第七届执委会和第七届经费审查委员会，执委会委员 99 名、候补委员 42 名、经审会委员 17 名。根据中国工会七大通过的《中华人民共和国工会章程》规定，中华全国总工会增设经费审查委员会，经费审查委员会由代表大会选举产生。将执委会常务委员会改为主席团，主席团下设书记处。主席团和书记处由执委会全体会议选举产生。在中华全国总工会第七届执行委员会全体会议上选举产生了由 24 名委员组成的执委会主席团，并决议请刘少奇继续担任中华全国总工会名誉主席。在七届一次执委会上，赖若愚当选为中华全国总工会主席，刘宁一、刘长胜、朱学范当选为副主席。推选赖若愚、刘宁一、许之桢、陈少敏（女）、李颉伯、刘子久、栗再温、董昕为书记处书记。这次大会根据形势的变化，适时地为工人运动及工会工作制定了新的方针，从而保证了工人阶级在大规模的经济建设时期能够充分发挥主力军作用，推动了我国工运事业的向前发展。

中国工会七大闭幕以后，过渡时期总路线得到继续充实和完善。这条总路线的定型表述是："从中华人民共和国成立，到社会主义改造基本完成，这是一个过渡时期。党在这个过渡时期的总路线和总任务，是要在一个相当长的时期内，逐步实现国家的社会主义工业化，并逐步实现对农业、对手工业和对资本主义工商业的社会主义改造。这条总路线是照耀我们各项工作的灯塔，各项工作离开它，就要犯右倾或'左'倾的错误。"后来，《为动员一切力量把我国建设成为一个伟大的社会主义国家而斗争——关于党在过渡时期总路线的学习和宣传提纲》明确指出："党在过渡时期的总路线的实质，就是使生产资料的社会主义所有制成为我国国家和社会的唯一的经济基础。我们之所以必须这样做，是因为只有完成了由生产资料的私人所有制到社会主义所有制的过渡，才利于社会生产力的迅速向前发展，才利于在技术上起一个革命，把在我国绝大部分社会经济中使用简单的落后的工具农具去工作的情况，改变为使用各类机器直至最先进的机器去工作的情况，借以达到大规模地出产各种工业和农业产品，满足人民日益增长的需要，提高人民的生活水平，确保有把握地增强国防力量，反对帝国主义的侵略，以及最后地巩固人民政权，防止反革命复辟这些目的。"这样，就将全面的社会主义改造任务提到了工人阶级和全国各族人民面前了。

为了动员和组织工人阶级大力支持和积极投身社会主义革命，并且贯彻落实中国工会七大的精神，各级工会做了大量的工作。在对资本主义工商业、农业和手工业的改造中，全国总工会发动全体工人阶级和工会组织做了大量工作。从1953年到1956年三年间，全总根据不时出现的新情况、新问题，多次召开会议，部署工作。一方面让广大职工努力发展生产，稳定国家经济形势，保证了运动的顺利进行；另一方面又注意在运动中正确执行政策，团结、教育资本家，从而加速了资本主义工商业改造的步伐。1956年1月，全总作出《关于动员职工支援农业合作化和农业生产的决议》，不仅要求工人群众以实际行动支持农业合作化，还派出了职工把农民急需的农业生产机具送到农民手里，技术人员利用业余时间送技术下乡，支援农村合作化运动。全总还派出工作组，调查手工业状况，协助党中央制定了对手工业进行社会主义改造的规定和政策。并从各级工会抽调力量充实到手工业合作社，增强对手工业合作社的领导力量。到1956年底，我国基本上实现了农业、手工业和资本主义工商业的社会主义改造，确立了社会主义基本制度。当然，社会主义改造中也创造着缺点和偏差。《关于建国以来党的若干历史问题的决议》指出："在1955年夏季以后，农业合作化以及对手工业和个体商业的改造要求过急，工作过粗，改变过快，形式也过于简单划一，以致在长期间遗留了一些问题。1956年资本主义工商业改造基本完成以后，对于一部分原工商业者的使用和处理也不很适当。"但整个来说，在一个几亿人口的大国中比较顺利地实现了如此复杂、困难和深刻的社会变革，这仍然是伟大的历史性胜利。

进行社会主义革命的目的，是促进生产力的解放和发展。生产资料私有制的社会主义改造，与工业化建设是紧密结合在一起的。1953 年 9 月，中共中央向全国工人阶级发出开展增产节约的社会主义劳动竞赛的号召，全国总工会随即发出了《进一步开展增产节约劳动竞赛，保证全面地完成国家计划的紧急通知》。同年 11 月，全总七届三次主席团会议又作出《关于把劳动竞赛向前推进一步的决议》，全国工人群众在工会带领下，甩开臂膀，掀起了蓬勃高涨的社会主义劳动竞赛高潮。随着工人阶级文化水平和科学技术水平的提高，这次劳动竞赛不同于以往，而是有了质的飞跃：一是注重改进生产技术和劳动组织，改变过去劳动竞赛只是简单地提高劳动强度和生产上的盲目性、突击性现象；二是把增加产量、降低成本、改善操作条件、注意生产安全、提高企业管理水平结合起来，克服了过去单纯追求产量的倾向。在热火朝天的劳动竞赛中涌现出了许多劳动模范。在鞍钢这样的大型国营企业，在产业工人队伍中，以技术革新为主要特征的竞赛形成了风气，其中的耀眼明星如：鞍钢小型轧钢厂工人张明山研制出轧机“反围盘”自动煨钢装置，不仅大大改善了工人的作业条件，还提高劳动效率 40%；鞍钢机械总厂青年工人王崇伦，先后 8 次改进工具，创造了“万能工具胎”，提高工效六七倍，用 1 年时间完成了 4 年零 11 个月的工作量，产品全部是一级品，被誉为“走在时间前面的人”。全国总工会及时树立了典型，在 1954 年 4 月召开的全总七届五次主席团会议上，通过了赖若愚作的《劳动竞赛已经开始走上一个新阶段——技术革新》的报告，并接受张明山、王崇伦等劳动模范的建议，号召工人群众在全国范围内开展技术革新运动。一时间，一个以技术革新为主要目标的劳动竞赛运动在全国范围内兴起，工人们学到的文化知识、科学技术和他们对自己工作的自豪与热情，凝成了智慧的火花，他们自己也成了人们心目中的英雄榜样，获得了应有的荣誉。1953 年至 1955 年，全国工业战线涌现出劳动模范 70 余万人，他们提出的合理化建议有 218 万件，劳动生产率提高了 122.5%。劳动竞赛中涌现出的先进人物，成为万众景仰的对象，于是，在社会主义建设的高潮中，形成了人人努力、个个争先的热潮。1956 年 2 月，全国总工会七届十次主席团会议通过了《关于开展先进生产者运动的决议》，根据中央精神，对开展先进生产者运动的指导思想、原则及评定授予称号等问题作了具体的规定。3 月，中共中央发出《关于积极领导先进生产者运动的通知》，指出：全总根据全国职工群众加速社会主义工业建设的要求，作出关于开展先进生产者运动的决定是完全必要的、及时的和正确的。全国一切工业、农业、交通运输等国民经济部门的工人、工程技术人员和企业管理人员，科学、文化、教育、卫生和国家机关工作人员都应站在自己的工作岗位上，高度地发挥积极性和创造性，使自己成为一个先进生产者或先进工作者。《通知》给全国工人群众以极大的鼓舞，先进生产者运动在全国各行各业迅速掀起。为推动全国生产者运动的开展，中央决定召开全国先进生产者代表会议。1956 年 4 月 30 日，全国先进生产者代表会议在北京召开，来自 28 个省、市、自治区，22 个产业的正式和特邀代表共 6182 人参加了共和国历史上的这次空前盛会。正是由于有这些先进人物的模范作用以及广大职工群众的艰苦奋斗，才使中国的工业化建设得以成功起步。

需要特别说明的是，在贯彻落实中国工会七大精神和推进社会主义改造的实践过程中，工会理论得到继续探索和发展。这种探索和发展主要围绕着两个基本问题切入。首先是

⊙ 1956 年 4 月 30 日，全国先进生产者代表会议在北京召开

关于工会在人民民主政权体系中的地位问题。赖若愚认为，工会是党联系工人阶级的纽带，具有重要的社会作用。如列宁所言，工会是人民民主政权最重要的社会支柱，是工人阶级学习管理、主持经济的学校，是提高政治觉悟、学习共产主义的学校。党只有充分发挥工会作用，才能使工人阶级的整体素质得到提高，并通过工会，自上而下地对国家、经济机关实行群众监督，以保证党和国家的方针政策得到贯彻。对工会与职工群众的关系，赖若愚指出，工会是工人阶级的群众组织，如何正确对待群众是工会工作中的根本问题，脱离群众是工会工作一切危险中的最大危险。他认为，工会是联结党和群众的桥梁，一方面工会要实现党的正确的政策和主张，使之成为群众的自觉行动；另一方面工会也不能忽视群众的意志、情况和觉悟，强迫群众接受党的政策、主张。工会要在推动生产发展的同时尽可能地关心群众生活，以激发群众的劳动积极性和创造性。赖若愚还认为，工会是教育和自我教育的学校，工会工作要适合群众的愿望，遇到问题要充分发扬民主，要用同志式的态度，即用说服、教育、帮助、诱导的方法对待群众，时刻防止和克服官僚主义作风。对工会同党的关系、工会与行政的关系，赖若愚都进行了客观深入的研究和思考。其次是关于工会的职能和作用问题。新中国成立以后，在工会工作的实践中形成了“以生产为中心，生产、生活、教育三位一体”的工会工作基本方针。赖若愚主持工会工作后，对“生产”“生活”“教育”作出了自己的思考和解释。他认为，教育是工会提高职工思想政治觉悟和文化技术水平的重要手段，职工教育的基本方法应该是教育与自我教育相结合，一方面要有充分的理由对职工进行细致的说服教育，另一方面又要通过维护职工物质利益、改善职工生活来达到职工进行自我教育的目的。在此基础上，赖若愚提出工会还应有维护职能，经过认真思考研究，他提出了“保护职工群众物质利益和民主权利是工会的独特任务”的重要观点。他认为，工人阶级掌握政权后，发展生产并不是工会的独特任务，工会的作用在于保护职工群众的物质利益和民主权利。因为联系群众是工会做好一切工作的最基本条件，而要做到这一点就必须关怀和保护职工群众的利益，那种认为国家是保护工人阶级利益的，而工会已经丧失了保护作用的观点是不对的。他进而推论出工会还有调节职能。“所谓调节作用，就是一方面支持职工群众正确意见、合理要求和建议，这中间工会和行政是会有斗争的。另一方面，工会要对群众由于不了解全面情况而提出的一些不正确、不合理的或在一定时期内办不到的意见、要求和建议进行说服教育，缩小群众与领导之间的距离。”此外，赖若愚还提出了工会的监督职能，明确提出要加强工会的监督作用，强调“工会的作用是群众的监督”“是在党的领导下进行的”“是对企业行政的一种帮助”和“依靠群众搞好经营管理的一种方式”。所有这些，对于促进工会组织创造性地开展工作具有重要的积极作用。

第六章

披风经雨　曲折行进

（1956—1978 年）

社会主义建设时期的工运探索历程

社会主义基本制度确立起来以后，中国共产党领导全国各族人民进行了全面的大规模的社会主义建设。在长达二十年的时间里，虽然遭受过严重的挫折，但是社会主义事业仍然取得了重大成就。在这个过程中，中国工会与党同呼吸、与工人阶级共命运，经受了严峻的考验，发挥了重要的作用。

在社会主义改造取得决定性胜利的历史背景下，中国共产党第八次全国代表大会于 1956 年 9 月在北京举行。大会指出，社会主义制度在我国已经基本建立起来，国内的主要矛盾不再是工人阶级和资产阶级之间的矛盾，而是人民对于建立先进的工业国的要求同落后的农业国的现实之间的矛盾，是人民对于经济文化迅速发展的需要同当前经济文化不能满足人民需要的状况之间的矛盾。党和全国人民的主要任务是，集中力量发展社会生产力，把我国尽快地从落后的农业国变为先进的工业国。根据新的形势和条件，大会指出：工会组织在社会主义建设事业中的任务是，一方面应当用说服教育的方法吸引工人群众，通过社会主义竞赛和先进生产者运动，为不断提高劳动生产率而奋斗；另一方面，应当密切关心群众生活，发挥群众的监督作用，向一切企业中违法乱纪、侵害群众利益、不关心群众生活的官僚主义现象进行勇敢的斗争。1957 年 2 月，毛泽东在最高国务会议上发表了《关于正确处理人民内部矛盾的问题》的讲话，在讲话中论述了社会主义社会存在着敌我矛盾和人民内部矛盾两类不同性质的矛盾，强调在处理人民内部矛盾时应采取“团结—批评—团结”的方针和有针对性的具体方法，还阐述了走具有中国特色的工业化道路的思想。毛泽东指出，在疾风暴雨式的阶级斗争结束以后，我们的根本任务已经由解放生产力变为在新的生产关系下保护和发展生产力，而在这个时候就是要团结全国人民发展我们的经济和文化，建设我们的国家。同年3月中旬，全国总工会在北京召开了七届五次执委扩大会议。会议根据毛泽东讲话精神，着重研究了工会在处理人民内部矛盾中的作用和群众监督问题。会议期间，赖若愚作了《工会在实行企业民主管理中的作用问题》的报告，指出，处理人民内部矛盾问题是社会主义建设中的一个根本问题，对工会来说，更是非常重要的一个问题。他认为，工会要把解决人民"闹事"和发挥工人群众的积极性结合起来，推动企业民主管理和群众监督。会后，全总各部门领导分头下厂进行实地考察，了解工人群众的基本状况和基层厂矿工会在解决人民内部矛盾方面存在的问题。在调查研究的基础上，一批反映基层厂矿工会工作实际情况的报告和文章见诸报端。同时，全总机关刊物《中国工运》以工会的性质、任务和作用问题为内容组织开展讨论。但是，关于工会工作的探讨很快受到了反右派斗争扩大化的影响。

中共八大以后的半年内，在全国各地发生了大大小小的罢工事件，涉及一万多名工人。1957年3月25日，《中共中央关于处理罢工、罢课问题的指示》(以下简称《指示》)下发。《指示》强调："必须了解，社会主义社会虽然消灭了过去的矛盾，但是它本身又包含着新的矛盾。由于国内的敌我矛盾已经基本上解决，人民群众和他们的领导者之间的矛盾，就在新的历史条件下显露出来了。人民群众是直接参加生产劳动（主要是体力劳动）而一般难于直接行使管理权力的，他们容易着重于从当时当地的局部情况去观察问题，容易重视目前利益和局部利益，而比较难于了解建设中的困难；人民群众的领导者直接行使管理权力而一般难于参加体力劳动，他们一般比较能够看到长远利益和整体利益，而比较容易疏忽各部分人民群众的具体情况和切身要求。这两部分人之间是必然有矛盾的，但是这种矛盾是根本一致中的矛盾。人民群众的领导者愈是注意联系群众，保持和发扬实事求是的群众路线作风，随时发现和解决人民群众中的问题，这种矛盾就愈小；如果脱离群众，染上官僚主义的习气，不解决或者不正确地解决人民群众中的问题，这种矛盾就愈大。”在这种情况下，罢工就可能爆发了。为了预防罢工的发生，《指示》要求扩大民主。《指示》中说：“在工厂方面，应该在实行党委领导下的厂长负责制的同时，实行和加强党委领导下的群众监督。党委应该领导工会、青年团积极反映群众的意见和要求，并且领导和督促工厂行政部门正确地、迅速地处理和给群众以答复。各地应该在企业中积极试行常任的职工代表大会制度，作为群众参加企业管理和监督行政的权力机关。”《指示》将职工代表大会的职权初步拟定如下：听取和讨论厂长的工作报告，审查和讨论企业的生产计划、财务计划、技术计划、劳动工资计划和实现这些计划的重要措施，定期地检查计划执行情况，并且提出建议；审查和讨论企业奖励基金、福利费、医药费、劳动保护拨款、工会经费以及其他有关职工生活福利的经费开支，在不违反上级机关的指示、命令的条件下可以就上述范围作出决议，交企业行政部门或者其他有关方面执行；在必要的时候，向上级管理机关建议撤换某些企业领导人员；对上级管理机关的规定有不同意见的时候，可以向上级管理机关提出建议，但是如果上级管理机关经过研究仍旧坚持原有决定的时候，就必须贯彻执行。所有这些，与毛泽东《关于正确处理人民内部矛盾的问题》的讲话精神是一致的，对于工会正确应对和处理罢工问题具有重要的指导意义。

1957 年 12 月 2 日至 12 日，中国工会第八次全国代表大会在北京举行。出席大会的正式代表有 989 人、候补代表有 100 人，代表全国 1360 多万名工会会员。中国工会八大的主

⊙ 1957 年 12 月 2 日，中国工会第八次全国代表大会在北京举行

题是：把全体工人阶级动员起来，为完成国民经济第二个五年计划，把我国建成一个具有现代工业、现代农业和现代科学文化的社会主义强国继续努力奋斗。

党和国家领导人毛泽东、刘少奇、周恩来、朱德、邓小平等，各民主党派、政府各部门、各人民团体及人民解放军和北京郊区农民的代表出席了开幕式。世界工联总书记路易·赛扬和国际工会组织及各友好国家工会组织代表团也应邀列席了大会。毛泽东主席及其他党和国家领导人接见了大会主席团成员。

中共中央副主席刘少奇代表中共中央向大会致祝词。他指出，我国工人阶级和我国人民在今后十年到十五年的基本任务，就是要在优先发展重工业的基础上，实行工农业同时并举的方针，把我国建设成为一个具有现代工业、现代农业和现代科学文化的社会主义强国。工人阶级目前的中心任务就是坚持勤俭方针，掀起新的生产高潮来迎接第二个五年计划，为完成和超额完成新的国家计划而斗争。他认为，目前，企业需要进一步扩大民主生活，实行在党委领导下的职工代表大会制度，而开展整风运动是扩大企业民主的有效形式。他在谈到工会问题时说，工会过去在社会主义建设事业中起了很大的作用，现在应该加强党对工会的领导，使工会真正成为教育群众的共产主义学校，成为党联系自己阶级的桥梁。他勉励一切工会干部都应该在生活上同群众打成一片，克服脱离群众、脱离实际的作风，处理好各种利益关系和人民内部矛盾，把自己锻炼成为坚强的干部。国务院副总理李富春在代表国务院向大会所作报告中指出：依靠全国工人阶级和全体人民的努力，我国发展国民经济的第一个五年计划已经完成和超额完成。他要求工人阶级在即将形成的社会主义建设高潮中，不但要严肃地解决敌我矛盾，而且还要正确地处理人民内部的各种矛盾。在这些斗争中，每一个有觉悟的工人都应当发挥出自己的模范作用、带头作用和骨干作用，团结全国人民去争取社会主义革命和社会主义建设的更大胜利。赖若愚代表中华全国总工会第七届执行委员会向大会作了《团结全国人民勤俭节约，建设社会主义新中国》的报告，报告总结了中国工会七大以来工会工作的成绩和缺点，重申了工会七大规定的建设时期工会工作方针，提出要把工人阶级队伍培养成为一个有觉悟、有组织、有纪律、有文化技术的更加坚强的战斗队伍，把工会造就成为真正的千百万人的教育者，新生活的建设者。他提出当前的任务就是在胜利完成第一个五年计划的基础上，努力发展工业，积极支援农业，集中力量来执行即将开始的第二个五年计划。为了完成这一伟大任务，工人阶级和全国人民，必须克勤克俭，努力增产，厉行节约，刻苦学习，必须从思想上、政治上、业务能力上不断地提高自己。工会必须团结和教育广大职工群众，最大限度地发挥工人阶级的积极性和创造性。他还强调指出，工会是工人阶级的群众组织，对工会来说，最重要的问题就是认真地贯彻执行党的群众路线，密切联系群众。因此，要广泛地吸引职工群众参加企业管理，代表群众积极地参与国家关于劳动工资、劳保福利、职工住宅问题等政策法令的制定和执行。从全局出发，逐步改善职工生活，加强对职工的政治、文化、技术教育，组织职工的文化体育活动。不断地加强工会建设和改进工作作风，切实地克服官僚主义、主观主义和宗派主义。工会工作者都要学习和丰富生产知识，增强阶级感情，克服非无产阶级思想，养成密切联系群众、从实际出发的工作作风，更积极地发挥工会组织的作用。

中国工会八大还一致通过了《关于中国工会工作报告的决议》《关于工会财务工作报告的决议》《关于经费审查委员

会工作报告的决议》《中国工会章程》。新的工会章程规定："工会的各级领导机关实行集体领导和个人负责相结合的原则，一切重大问题都要经过集体的讨论和决定""中国工会是按照产业和地区相结合的原则组织起来的。产业原则就是将同一企业、机关、学校单位中的会员，组织在同一个基层组织中""产业和地区相结合的原则，就是省、自治区、自治州、直辖市、县（镇）工会联合会是当地工会组织和各产业工会组织的地方联合领导机关。中华全国总工会是各地区工会组织和各产业工会全国组织的全国联合领导机关""同一国民经济系统中，或者性质相近的几个国民经济系统中的会员可以组织在全国性的或者地方性的产业工会组织中"。

大会选举产生了中华全国总工会第八届执行委员会，执委会委员 137 名、候补委员 69 名。在中华全国总工会第八届执行委员会第一次全体会议上，赖若愚再次当选为全国总工会主席，刘长胜、朱学范、许之桢、陈少敏（女）当选为副主席。

1958 年，中国共产党八大二次会议通过了"鼓足干劲，力争上游，多快好省地建设社会主义"的总路线。社会主义建设总路线及其基本点的正确一面，在于反映了广大人民群众迫切要求改变我国经济文化落后状况的普遍愿望，其缺点是忽视了客观的经济规律。在社会主义建设总路线指引下，党和国家发动了“大跃进”运动。这是在探索中国社会主义建设道路进程中出现的严重失误，但是广大人民群众发挥高度的积极性和主动性，仍然取得了很大的成绩。1959年6月，全国总工会在京召开了各省、市、自治区工会主席（扩大）会议，讨论通过了《关于动员广大职工掀起增产节约新高潮和有关工会工作问题的报告》，号召“全国职工掀起增产节约新高潮，完成和超额完成生产任务，迎接国庆十周年”。随着增产节约运动的开展，全国各地的劳动竞赛活动也活跃起来。其中影响最大的是“比先进、学先进、赶先进、帮后进”劳动竞赛活动。这一活动源于1956年开展的先进生产者运动，到1959年有了新的发展，通过树立先进典型，带动中间和帮助落后的方式，来实现互相帮助、取长补短、共同提高的目的。这一活动推广到全国之后，促进了生产水平的提高和社会风气的改善。为了使劳动竞赛广泛深入持久地开展起来，不少地区和行业结合实际情况，创造出符合自身特点的竞赛方式。1959年3月，铁路、煤矿、轻工、水电等产业工会组织推动红旗竞赛活动，形成了不甘落后、人人争先的局面。在“全国一盘棋”思想的指导下，企业内部的劳动竞赛迅速扩展为各个企业、各个部门、各个产业、各个地区之间的相互竞赛和相互协作。由秦皇岛港口职工联合相关铁路、煤矿职工发起的“一条龙”大协作竞赛很快被推广到交通、邮电等部门，生产、运输、服务等部门密切配合协同作战，提高了生产效率和工作效率。在大力开展劳动竞赛的过程中，各级工会组织通过先进经验交流会、技术革新现场会、先进技术表演赛、劳动竞赛评比会、工业成果展览会、先进经验观摩团等形式来总结和推广先进经验，在全国范围内涌现出了一大批先进集体和先进个人。据统计，仅 1959 年，全国涌现出来的先进集体就有近 30 万个，先进生产者达 300 多万人。1959 年 10 月 26 日至 11 月 8 日，中共中央和国务院在北京隆重召开了全国工业、交通运输、基本建设、财贸方面社会主义建设先进集体和先进生产者代表大会（又称全国群英会）。出席大会的代表共 6577 人，其中获得全国先进集体称号的有 2565 个，获得全国先进生产者称号的有 3267 人。朱德代表中共中央向大会致祝词。党和国家领导人李富春、薄一波、谭震林、李先念、聂荣臻、陆定一、胡耀邦、蔡畅等到会讲了话。会议期间，刘少奇接

⊙ 1959 年 10 月 26 日，全国先进生产者代表会议在北京举行

见了北京掏粪工人时传祥，并对他说："你掏大粪是人民勤务员，我当主席也是人民勤务员。这只是革命分工不同，都是革命事业不可缺少的一部分。"这番话很快通过新闻媒体传播开来，在全国各行各业群众中产生了极大的影响。之后，中共中央和国务院于1960年6月1日至11日在北京又召开了全国教育和文化、卫生、体育、新闻方面社会主义建设先进单位和先进工作者代表大会（又称全国文教群英会），对3092个全国先进单位和2686个全国先进工作者进行了表彰奖励。1960年上半年，全国群英会的精神贯彻到基层之后，劳动竞赛开始汇入技术革新和技术革命运动之中。1月，第一机械工业部和一机工会在哈尔滨召开全国机械工业机械化、自动化黑龙江现场会议。中共中央在批转这次会议的报告中指出："不仅要在全体职工群众中广泛地开展比先进、学先进、赶先进、帮后进的劳动竞赛，而且要大大发展工厂、学校、科学研究机关三结合的群众运动，把他们汇合成为技术革新和技术革命运动的巨流。"3月5日，全总党组根据了解到的上海、天津、沈阳、旅大、哈尔滨、太原、重庆等七个城市开展技术革新和技术革命运动的情况，向中共中央上报了《关于当前技术革新技术革命情况的报告》，并在稍后联合一机部和团中央召开了全国技术革新、技术革命重庆现场会议，会议提出的技术革新和技术革命要“以机械化、半机械化、自动化、半自动化为中心内容”的口号，得到了中共中央的肯定。

1960年冬，党中央和毛泽东同志决定对国民经济实行“调整、巩固、充实、提高”的方针，随即在刘少奇、周恩来、陈云、邓小平等同志的主持下，制定和执行了一系列正确的政策和果断的措施。在贯彻执行国民经济调整方针的过程中，工会组织虽然受到“左”倾错误的冲击，出现了一些曲折，但从总体上看，在协助政府克服困难、组织职工搞好生产、加强工会自身建设等方面还是做了大量的工作，取得了一定的成绩。第一，协助政府完成精简职工的任务。在“大跃进”中，城市生产规模不断扩大，一些农村劳动力涌入城市，造成职工人数增加，给政府解决城镇居民吃饭问题带来极大困难。1961年，全国总工会积极贯彻中共中央关于精简职工和减少城镇人口的指示精神，多次研究解决办法，为此成立了精简职工工作办公室处理相关事宜。从1961年至1963年，全国精简职工达1887万人，减少城镇人口约2600万人，基本上实现了中央提出的预期目标。第二，关心职工生活，帮助职工渡过难关。从 1960 年下半年开始，城市居民和职工的生活普遍面临严重困难。1961 年 3 月，全国总工会在北京召开了职工生活座谈会，研究工会如何抓好职工的生活问题。5 月，全总在《关于改进工会基层工作报告》中指出，当前基层工会的主要任务是，在企业党委的领导下，配合企业行政，从关心群众生活着手，加强思想政治教育工作，提高职工的生产积极性。此后，各级工会组织在办好职工食堂、做好职工困难补助、改善职工住房条件等方面做了大量工作，提高了职工对工会的信任度，体现出工会存在的真正价值。第三，加强职工文化技术教育和思想政治工作。新中国成立初期工会就开展过职工扫盲运动，并取得了不错的成绩，到 1955 年底，脱盲职工达到近 170 万人。1963 年底至 1964 年初，全国总工会和教育部在京联合召开全国职工业余教育工作会议，制定并颁布了一系列提高职工文化技术程度的措施，促进了职工业余教育工作的发展。同时，全国总工会也十分重视职工的思想政治工作，积极开展学习雷锋、讲“三史”（革命斗争史、厂史、家史）以及学习毛泽东著作等活动，对职工进行革命传统教育。第四，开展“五好”竞赛和职工技术协作活动。“五好”竞赛是一些基层厂矿企业工会首先提出并积极实行的。1963 年 9 月，全国总工会在总结基层工会工作经验的基础上，会同国家经委作出《关于在工业、交通企业中开展“五好”企业和“五好”职工竞赛问题的报告》，提出通过评选奖励政治工作好、计划完成好、企业管理好、生活管理好、干部作风好的企业和政治思想好、完成任务好、遵守纪律好、经常学习好、团结互助好的职工的办法，来促进生产的发展和管理的进步。第五，开展工业学大庆运动，弘扬“铁人精神”。工业学大庆运动是新中国成立后工业生产领域推广先进经验持续时间最长、影响最大的一次学习先进活动和群众生产运动。20 世纪 60 年代初，中国在东北大庆地区开展了一场为期三年的石油大会战。这次会战不仅摘掉了我国的“贫油国”帽子，而且锻炼培养出一支以“铁人”王进喜为代表的特别能战斗的石油工人队伍。大庆石油工人在异常艰苦的条件下，吃苦耐劳，顽强拼搏，以“有条件要上，没有条件创造条件也要上”的大无畏精神和“宁可少活二十年，也要拿下大油田”的英雄气概，创造了一个又一个奇迹。1964 年 12 月，毛泽东提出开展“工业学大庆”的号召，在全国各行各业掀起了学习大庆经验的热潮。通过开展工业学大庆运动，大大激发出职工群众的爱国热情和生产积极性，有力地推动了各项生产事业的发展。

“文革”十年工运的挫折与抗争

“文化大革命”爆发以后，全国各级工会组织受到严重冲击和破坏，工会系统很快陷入瘫痪和停滞状态。老一辈无产阶级革命家、工运领袖对“文化大革命”进行了顽强抗争。原全国总工会副主席、党组书记李立三，身陷囹圄，刚直不阿，在险境中仍不惧林彪、“四人帮”等人的威吓，拒写揭发刘少奇的黑材料，甚至不惜以死抗争。中共中央委员、全国总工会副主席、全总党组副书记陈少敏，在中共八届十二中全会（扩大）上表决永远开除刘少奇出党、撤销其党内外一切职务的决议时，她不畏高压，不顾个人得失，拒不举手，表示了她的不赞成态度。她是全会上唯一一个不赞成错误决议的人，表现了一位老革命家、优秀工会干部的坚定原则性和光明磊落。老革命家、工运领袖的典范作用，深深地教育和影响了广大工会干部。许多普通工人采用多种方式抵制“文化大革命”的错误。当红卫兵四处串联、冲击党政机关时，当“抄家”“打砸抢”“夺权”“武斗”之风刮起时，当为工会工作作出过贡献的干部被冲击时，都有工人群众的抵制斗争。他们有的贴大字报表明反对看法；有的怀疑、不满，做起了“逍遥派”；有的设法保护被迫害的老工会干部；有的则直接反对林彪、“四人帮”的横行无忌，当众斥责其成员是制造动乱的“黑手”“后台”，是肆意篡改马列主义基本原理的政治骗子。全国著名劳动模范时传祥公开反对批判刘少奇，因而遭到批斗和迫害。哈尔滨铁路局图书馆的郭维彬，1967 年在单位召开的一次会议上，公开称颂刘少奇是一个忠于马列主义的无产阶级革命家，决心为刘少奇翻案，同时还说，“文化大革命”犯了方向性、路线性错误，中央文革小组是一个搞资本主义复辟的司令部等，由于他的这些言论，被关押在监狱中长达 11 年。王洪文原来所在的上海国棉十七厂的职工群众，对于“文化大革命”初期，王洪文挑动武斗、抢夺档案、破坏生产、揪斗干部的行径非常不满。1969 年在王洪文已经窃据中共九届中央委员地位的情况下，在成立厂党委时，一些工人党员仍坚持不投他的票，致使王洪文气急败坏之下，叫人开箱查票，对不投他票的工人党员，进行抄家、批斗、隔离审查，但这也不能使他们屈服，充分表现了工人阶级敢于坚持真理的高尚品质。在社会动乱中坚持生产，竭力减少“文化大革命”错误造成的经济损失。在“文化大革命”期间，搞经济建设、搞科学研究，被批判为“唯生产力论”“白专道路”，因而在生产中不讲技术和管理。加之林彪、江青等人煽动“打倒一切”“停产闹革命”，各地企业中的生产秩序和规章制度几乎荡然无存。但是由于工人群众自觉坚守生产岗位，坚持生产，使国民经济仍然取得了一定进展。工业交通、基本建设和科学技术都取得了一些重要成就。例如，南京长江大桥的建成；1.5 万吨油轮的顺利下水；首次地下核试验成功；第一台十二万五千双水内冷汽轮发电机组的建成；第一颗人造地球卫星的发射成功，以及我国自行设计，建造的攀枝花钢铁基地，按工期在 1970 年投产等。这些成就的取得来之不易，它在很大程度上减少了“文化大革命”造成的损失。

1971 年“九一三”事件以后，周恩来提出批判极“左”思潮。与此相联系，开展了工业部门的纠“左”努力。1971 年 12 月至 1972 年 2 月，全国计划会议召开。会议纪要强调加强统一计划，整顿企业管理，落实党对干部、工人、技术人员的政策，反对无政府主义，把产品质量放在第一位。在企业管理上，明确规定要恢复和健全岗位责任、考勤、技术操作规程、质量检验、设备管理和维修、安全生产、经济核算等七项制度，要抓好质量、品种、原材料燃料动力消耗、劳动生产率、成本、利润等七项指标。1972 年 5 月，《人民日报》发表文章，提出社会主义的企业管理需要合理的规章制度。多数省市的企业先后展开与反对无政府主义、加强企业管理密切相关的社会主义劳动竞赛。劳动竞赛规定在生产领域比产量、比质量、比出勤、比安全、比消耗等，并与某种物质奖励相联系。10 月至 11 月，国务院有关部门召开加强企业核算、扭转企业亏损的会议。会议提出要切实地抓好企业管理，允许国营企业在完成计划指标后，从利润中提取一定比例的奖励基金，用于职工的集体福利和给先进工作者以物质奖励。会后，国家计委起草了《关于坚持统一计划，加强经济管理的规定》。该规定对改进经济管理提出若干思想：加强国家统一计划，搞好综合平衡，反对地方各行其是；严格控制基本建设规模，不许乱上建设项目；职工总数、工资总额、主要产品物价等管理权集中在中央，各地区、各部门无权擅自决定；中央下放的大中型企业，由省、自治区、直辖市和少数省辖市管理，不得再层层下放；企业实行党委领导下的厂长负责制，建立强有力的生产指挥系统；坚持社会主义按劳分配原则，广泛推行计时工资加奖励，少数重体力劳动可实行计件工资等。所有这些，对于恢复和发展工业生产具有重要指导意义。工业部门的纠“左”努力，是在周恩来的直接领导下进行的。在“文化大革命”中，由于林彪、江青等人极力煽动极“左”思潮，给经济领域造成了极大的干扰破坏，其突出表现就是经济工作的盲目性和企业管理、经济秩序的无纪律混乱状态。针对上述问题，周恩来集中精力批判极“左”思潮，清算林彪反革命集团的罪行，着手整顿经济秩序，努力消除“左”倾错误在经济领域的危害。他指出“应把九大以来林彪一伙破坏经济计划的情况编个材料，供大家批判。一定要批透，把破坏性后果消除掉”。为此，他从两个方面入手在工业部门进行纠“左”整顿。一是抓批判林彪等人的“空头政治”，纠正由此造成的不敢抓生产、不敢抓业务的错误倾向。他在 1972 年 8 月接见回国大使时明确指出，政治挂帅要挂到业务上。他鼓励各级领导干部要理直气壮地抓生产、抓业务。二是抓企业管理混乱的整顿。1971 年 12 月 5 日，他在听取全国计划会议情况汇报时指出，现在企业管理乱得很，要整顿。在他的指示下，国家计委先后起草了《1972 年全国计划会议纪要》和《关于坚持统一计划，加强经济管理的规定》两个文件，提出了整顿企业管理和生产建设中的极“左”思潮及无政府主义的一些重要措施。此外，他还连续抓了出口援外产品、国内日用工业品和广交会展品的质量问题，号召广大职工学文化、钻技术。上述措施体现了周恩来纠正经济领域“左”倾错误的不懈努力。尽管这些措施在实施中也曾受到“四人帮”的干扰，但在实际工作中仍然发挥了积极作用。1972 年工业产值比上一年增长 6.6%，1973 年工业产值则比上一年增长 9.5%，此外，劳动生产率、基本建设效果、固定资产交付使用率都有较大提高。

工业部门纠“左”，需要启发工人觉悟，调动他们的生产积极性，这就要靠发挥工会组织的作用来解决，由此，工会组织的整顿与健全成为迫切问题。“文化大革命”初期，“工代会”取代了工会，但它只抓所谓同“走资派”的斗争，而不真正关心生产建设和职工权益。这种状况引起广大职工的强烈不满，他们纷纷要求恢复工会组织的正常活动。1972 年，《人民日报》、《红旗》杂志和《解放军报》（当时称两报一刊）发表元旦社论，其中提出要做好工会、青年团、妇联等各方面工作。全总据此向中共中央提出组织人员到基层做调查，以为整建工会做准备。1973 年 1 月 1 日，《人民日报》、《红旗》杂志、《解放军报》联合发表《新年献词》，明确提出工会、共青团、妇联等群众团体，要经过整顿逐步健全起来的要求。4 月 11 日，中共中央发出〔1973〕17 号文件，向全国批转北京市委和上海市委关于召开工会代表大会的请示报告，指出整顿工会要以基层为重点，在基本上实现革命大联合等条件具备时，首先召开省、市、自治区和工业集中的大中城市的工会代表大会，将省、市、自治区和大中城市的工会组织建立起来。从此，工会组织的整顿与健全工作在全国各地相继展开。到 1973 年底，全国有二十八个省、市、自治区召开了工会代表大会，选举产生了领导机构。省、市、自治区以下的工会组织也陆续整顿和恢复。工会组织的整顿与健全，客观上使工人运动的混乱局面有了好转。

1975 年 1 月，中国共产党十届二中全会召开。全会追认邓小平为中共中央政治局委员，选举邓小平为中共中央政治局常委、中共中央副主席。同月，四届全国人大一次会议召开，周恩来作《政府工作报告》，该报告是由邓小平负责起草的。1974 年 11 月，邓小平在谈到起草工作时强调，整个报告最后要落实到团结起来，为实现现代化而奋斗上。12月，邓小平对毛泽东说：归根到底就是主席讲的要安定团结，搞建设不安定不行，不安定，生产搞不起来。依据这样的思路，《政府工作报告》重申了三届全国人大提出的发展国民经济的两步设想：第一步，用十五年时间，即在1980年以前，建成一个独立的比较完整的工业体系和国民经济体系；第二步，在本世纪内，全面实现农业、工业、国防和科学技术的现代化，使我国国民经济走在世界的前列。报告强调，从国内国际的形势看，今后的十年是实现上述两步设想的关键。这一宏伟目标的重新提出，给处于"文化大革命"困难时期继续坚持经济建设的工人阶级和全国人民带来了巨大的鼓舞和希望。四届人大闭幕后，周恩来病情加重，邓小平在毛泽东的支持下主持中央日常工作。为使国家摆脱"文化大革命"造成的困境，邓小平坚定地、大刀阔斧地抓各方面的整顿工作，明确提出了全面整顿的指导思想，他尤其指出，整顿是包括各个方面的全面整顿，其核心是党的整顿，关键是领导班子的整顿。要搞好安定团结，发展社会主义经济。只敢抓革命，不敢抓生产，这是大错特错。要恢复和健全规章制度，加强组织性、纪律性。要加强党的领导，发扬党的优良传统。要坚决地同派性作斗争，对派性要寸土必争、寸土不让。要认真落实对老工人、老干部、老劳模和技术骨干的政策，调动他们的积极性。他批示：工会不能只抓阶级斗争，对生产、生活福利还是要抓的，对困难补助、劳保福利、食堂、托儿所、文体活动都要管。邓小平还肯定了科学技术是生产力这一马克思主义观点，要求做好科学技术工作，要办好教育。根据邓小平的有关讲话精神，国家计委在 1975 年 8 月撰写了《关于加快工业发展的若干问题》草稿（简称“工业二十条”），提出了一系列发展工业的重大理论和方针政策问题，其精要如决不能把搞好生产当作“唯生产力论”和“业务挂帅”来批；要调整“勇敢分子”当权的领导班子，把坏人篡夺的领导权夺回来；要建立以岗位责任制为中心的生产管理系统和强有力的生产指挥系统；要实行按劳分配的社会主义原则；要加强职工队伍的团结，在职工中划分所谓造反派和保守派是错误的等。邓小平提出和实施的对各方面工作整顿的方针，实际上是要理顺被“文化大革命”搞乱了的各条战线的工作，系统地纠正“文化大革命”的错误。根据这样的主旨，邓小平的全面整顿首先把对全局形势影响大且又属薄弱环节的铁路作为突破口，以整顿铁路的成效和经验逐步扩展到各个领域，在较短时间里就使各领域的工作有了较大改观，这说明邓小平和中央全面整顿的方针和措施是正确的。广大职工对“四人帮”借“批林批孔”重新搞乱全国的行径十分不满。他们衷心拥护整顿的正确方针，用实际行动促进安定团结，为扭转生产下降的形势作出了重大贡献。1975 年上半年，工业生产和交通运输情况即趋于好转，原油、原煤、发电量、化肥、水泥、内燃机、纸和印刷品、铁路货运量等，五、六月份都创造了历史上月产最高水平。率先进行整顿的铁路、钢铁部门都扭转了局面。1975 年 4 月，几条严重堵塞的铁路都疏通了。全国 20 个铁路局中的 19 个都超额完成计划，列车正点率也大大提高。连续 21 个月没有完成国家计划的徐州铁路分局，当年 4 月就提前 3 天完成了任务。钢铁工人奋发努力，使钢铁生产显著回升。6 月份，钢的平均日产量达到 7 万多吨，超过年计划平均日产水平。在工人阶级的努力下，1975 年全国工业总产值达 3207 亿元，按可比价格计算，比上年增长 15.5%，这说明邓小平和中央提出的全面整顿方针是正确的。在整顿工作中断以后，广大工人、知识分子在极端困难的条件下，继续顶住“四人帮”的压力，奋发图强，献身事业，为经济建设和科学技术现代化作出了卓越贡献。这就使得整个“文化大革命”期间，虽然干扰破坏严重，但仍然取得了一些令人瞩目的成绩。1976 年工业总产值比 1965 年增长 172.6%，平均每年增长 9.5%。石油工业有较快的发展。1974 年 5 月和 9 月，大港油田和胜利油田先后建成，使全国石油产量迅速增加。1976 年底，原油产量达到 8716 万吨，比 1965 年增长 6.7 倍。建成了一批内地铁路干线和南京长江大桥。1970 年焦枝铁路建成，成昆铁路正式通车。1972 年湘黔铁路建成通车。南京长江大桥 1959 年动工建设，1968 年提前完工，开创了我国自力更生修建大型桥梁的新纪录。在科学技术方面也取得一些重要成就。1972 年，由中国农业科学院和湖南省农业科学院共同协作，培育出一代籼型杂交水稻种子，比一般水稻良种增产 20%，为粮食增产作出了重大贡献。1966 年，第一次成功发射了导弹核武器；1967 年，成功地爆炸了第一颗氢弹；1970 年，成功地发射了第一颗人造地球卫星；1975 年，第一次成功地使人造卫星按预定计划返回地面。广大工人、知识分子在四川、云南、贵州、陕西、甘肃、青海、宁夏等省、自治区进行的以国防工业为中心的“三线建设”中，也立下了伟绩，不仅改变了西南地区特别是四川落后的经济面貌，而且提高了国防工业和经济建设的实力。

1976 年 1 月 8 日，周恩来逝世。他的逝世，引起了全党、全军、全国各族人民的无限悲痛。从 3 月底开始，人们为了悼念周恩来，在人民英雄纪念碑周围放满花圈、花篮，张贴了数不清的诗词、悼文和传单。这种斗争是由首都工人先进分子率先发起的。3 月 25 日晨，40 多名职工把一块长约 3 米、高 1.5 米的横匾送到人民英雄纪念碑北侧。这块翠柏铺底、白色镶边的横匾上挂着一面用红花组成的中国共产党党旗，旗上嵌着与“四人帮”禁令针锋相对的 13 个金字：“敬爱的周总理，我们日夜想念您。”在“四人帮”大搞白色恐怖、严禁悼念周恩来的形势下，这块不寻常的横匾唤出了广大职工群众的心声，预示着工人阶级同“四人帮”短兵相接的大搏斗即将全面展开。3 月 30 日中午，北京市总工会工人理论组的同志们，在纪念碑南侧张贴了讨伐“四人帮”的第一篇檄文。这篇贴于精制花圈上的悼词表示：要坚决学习周恩来对敌斗争的坚定性和坚强的无产阶级党性；要继承周恩来的遗志，为把我国建设成社会主义的现代化强国，为壮丽的共产主义事业的胜利，披荆斩棘，奋斗终生。悼词的作者向周恩来庄严宣誓：“誓与党内外的资产阶级血战到底！”

⊙ 1976 年 1 月 8 日，周恩来总理逝世，首都人民自发地聚集在人民英雄纪念碑进行悼念活动

这里说的“资产阶级”，是指江青、张春桥、王洪文、姚文元一伙野心家、阴谋家。4 月 2 日，中国科学院 109 厂的 400 多名职工，胸佩白花，臂缠黑纱，排着整齐的方队，以“敬爱的周总理，我们永远怀念您”的巨大横幅为前导，高举四块醒目的诗牌，由东华门经王府井进入天安门广场。诗牌上赫然写着：“红心已结胜利果”“碧血再开革命花”“倘若魔怪喷毒火”“自有擒妖打鬼人”。这些犀利的诗句当天就传遍整个北京城。针对“四人帮”收、毁花圈的卑鄙手段，北京重型电机厂的职工特制了一个四米多高，由钢架、铁叶和钢花组成的大型钢铁花圈，花圈中央嵌有一颗紫铜的红星，象征着中国共产党和周恩来，四周八朵大花代表八亿人民。4 月 2 日，职工们把这个一吨半重的钢铁花圈，徒步推车从西郊送到天安门广场，表达工人阶级捍卫党和周恩来光辉形象的钢铁决心和铲除“四人帮”的钢铁意志。同日，崇文区化纤厂的一位职工在天安门广场汉白玉栏杆上贴出一首诗：“翻案图穷匕首见，攻击总理罪滔天。浦江摇桥闪鬼影，誓斩河妖红霞现。”这首用谐音点名批判江青、张春桥、姚文元的诗，巧妙地把这伙反革命野心家和阴谋家钉在了历史的耻辱柱上。但是，北京各单位普遍传达姚文元的话说：

“清明节是鬼节”“送花圈是四旧”。面对“四人帮”的高压，成千上万的人于4月4日从四面八方涌向天安门广场，举行声势浩大的悼念活动。在庄严肃穆的气氛中，人们高唱《国际歌》，高声朗诵诗文，发表演说。此外，南京的梅园新村和雨花台、郑州的二七纪念塔、杭州的西子湖边、西安古城的钟楼下，无数地方都出现了群众自发悼念周恩来的活动高潮。包括众多工人在内的广大人民悼念周恩来、反对“四人帮”的正义行动，虽然遭到了压制，但是为粉碎“四人帮”、结束“文化大革命”奠定了坚实的群众基础。

揭批“四人帮”和工会组织初步恢复工作

1976年10月，中国共产党粉碎了“四人帮”，从而结束了“文化大革命”这场灾难。经过十年的内乱，当中国再次回首世界时，国际环境已经发生了很大变化，其突出特点就是政治经济多极化的发展。进入20世纪70年代后，随着东西方关系的缓和，在美苏两极之外，世界出现了西欧、中国和日本等新的力量中心，再加上第三世界力量的增长和发生的各种动荡所造成的全球不稳定因素的增加，使美苏两个超级大国再也没有足够的能力去控制世界。在政治多极化发展的同时，世界经济也发生了重大转折，即从美国一国独霸的局面开始向美国、欧共体、日本三足鼎立的局面过渡。苏联在 20 世纪 60 年代经济实力也有很大的增强，同时在拉丁美洲和亚洲出现了一些新兴工业国家和地区，并且形成了一支新兴的经济力量。其中“亚洲四小龙”，即韩国、新加坡和中国台湾地区、中国香港地区的经济起飞尤其抢眼。新兴工业化国家和地区的兴起对世界经济格局产生了重要影响，进一步加强了世界经济多极化的发展趋势。经济发展的支撑力量是科技，在 70 年代，战后出现的以原子能技术、电子计算机、合成材料、火箭技术为代表的第三次科技革命浪潮方兴未艾，科技革命迅速提高了一些国家的经济实力，从根本上改变了世界经济力量对比，塑造了新的世界经济格局。以上情况表明，70 年代正处于一个时代主题从战争向和平转换的关键阶段，世界各国以科技为先导、以经济为中心的综合国力竞争日趋加剧，这不仅将决定新的世界格局和秩序，决定世界各国在国际社会中的地位和利益，而且还决定各个国家和民族的生死存亡、兴旺发达，像中国这样的发展中国家如果认不清形势、不迎头赶上，就会丧失机遇，落入被“边缘化”的危险。从中国国内形势看，粉碎“四人帮”和“文化大革命”的结束，使工人阶级和广大人民群众欢欣鼓舞，热切期望各方面工作尽快走上健康发展的轨道，但是，十年内乱积累下的许多严重的政治问题、社会问题和经济问题却不得不认真面对。在政治上，“四人帮”虽被粉碎，但他们长期经营的帮派体系尚未被彻底摧毁，余党还未及时清除，有的甚至还在负隅顽抗；他们的反革命罪行还未被深入揭发批判，他们散布的流毒还远未肃清。而“文化大革命”及其以前的“左”的错误理论和实践，还在相当程度上影响着人们，阻碍着国家发展，要彻底清除这些障碍，更需要作出长时间的努力。在经济上，由于十年动乱，特别是林彪、江青反党集团的破坏，使国民经济遭受了严重损失，据统计，仅1974年至1976年，全国工业总产值损失大约1000亿元，钢产量2800万吨，财政收入400亿元。国民经济重大比例关系失调，市场供应紧张，人民生活相当困难，更为紧迫的是，即使在粉碎“四人帮”后，一些地区的动乱仍未停止，一些铁路枢纽仍被阻塞，一些工厂还在停产。面对这样的形势，工人阶级和工会组织最为紧迫的任务就是：深入揭批江青反革命集团的罪行，清查他们的帮派体系，肃清其流毒和影响，积极恢复和发展国民经济，迅速扭转十年动乱造成的经济困难，从政治上、思想上和经济上进行拨乱反正，推动国家尽快走上健康发展轨道，使中国的社会主义建设事业和工运事业胜利实现伟大的转折。

粉碎“四人帮”以后，中共中央领导全国人民开展了揭批查“四人帮”反革命集团的斗争。1976 年 10 月 18 日，中共中央发出《关于王洪文、张春桥、江青、姚文元反党集团事件的通知》。11 月 15 日至 19 日，中共中央在北京召开全国宣传工作座谈会，提出要揭发批判“四人帮”的罪行，把他们的一切谬论收集起来，一个一个地批深批透。12 月，中共中央先后将《王洪文、张春桥、江青、姚文元反党集团罪证（材料之一）》《“四人帮”的反革命面目及其罪恶历史（材料之二）》和《“四人帮”在各个领域散布的反动谬论（材料之三）》下发。这三批材料揭露批判了“四人帮”反党集团篡夺党和国家最高权力、陷害老一辈革命家的罪行和推行极“左”路线在各方面造成的危害。同时，在中共中央领导下，在全国普遍开展了清查“四人帮”帮派体系，以及与他们篡党夺权活动有牵连的人和事，逐步调整各级领导班子。广大干部群众积极投身到对“四人帮”的揭发批判和帮派分子的清查活动中，全国上下迅速形成群众性的揭批查高潮。工运领域是“文化大革命”的重灾区，是受“四人帮”干扰破坏十分严重的领域。揭批查运动开展后，在全国总工会，虽然“四人帮”的党羽、原工会九大筹备组组长金祖敏被监护审查，但筹备组的一些负责人仍然捂盖子，压制运动的开展，致使全总机关的运动落后于形势和基层。1977 年 8 月 3 日，中共中央决定，全国总工会副主席、书记处书记马纯古负责领导全国总工会机关揭发批判“四人帮”运动，并成立了以他为首的全国总工会机关领导小组，由此揭批查运动才逐渐展开，并很快查清了原工会九大筹备组主要负责人受“四人帮”指挥，勾结一些部门和地方的党羽，参与篡党夺权活动的罪行，这对工会系统斗争的发展是一个有力推动。在揭批查运动中，工会系统从领导机关到基层单位，从领导干部到广大职工，都以严肃的态度和极大的热情投入其中。各地各级工会在党委领导下，联系本地、本基层工运实际，组织职工和工会干部揭发批判“四人帮”利用工会充当篡党夺权工具的罪行和他们分裂工人阶级队伍、砸烂工会组织、迫害工会干部、劳动模范、老工人的罪行；批判了他们炮制的所谓“工运黑线统治论”和“三会一团”等谬论；批

人民日报

彻底批判“四人帮”的“工运黑线统治”论

全国总工会机关批判组

⊙ 1977 年 12 月 29 日，全国总工会批判组在《人民日报》上发表《彻底批判“四人帮”的“工运黑线统治”论》一文判了他们煽动无政府主义、鼓动停工停产、败坏工人阶级优良传统和作风的罪行；批判了他们破坏正常管理制度、攻击发挥技术人员作用、反对关心群众生活等方面的谬论和罪行，清查了工会系统与“四人帮”篡党夺权阴谋活动有牵连的人和事，基本上摧毁了“四人帮”在工运领域的帮派体系。通过这场斗争，广大工会干部和职工认清了“四人帮”的罪恶历史和反动面目，在许多重大问题上分清了思想理论是非，干部队伍的阵线也比较清楚了。在这个基础上，全国有半数左右的省、市、自治区工会组织调整了领导班子，夺回了被“四人帮”篡夺的那一部分权力，工会组织初步恢复了正常工作。揭批查江青反革命集团的斗争，是进行拨乱反正的重要步骤，到 1978 年底，这场斗争在全国取得了很大胜利。但是，由于受推行“两个凡是”（“凡是毛主席作出的决策，我们都坚决维护；凡是毛主席的指示，我们都始终不渝地遵循”）错误指导方针的影响，在一系列重大问题上继续坚持了“左”的错误，因而使包括工运领域在内的各个领域的揭批斗争都是不彻底的，尤其是平反冤假错案进展缓慢，拨乱反正呈现徘徊局面。

1977 年 8 月召开的中国共产党第十一次全国代表大会指

出：要加强党对工会、共青团、妇联等群众组织的领导，把这些组织整顿好、建设好，充分发挥它们应有的作用。根据中共中央的部署，1978 年 4 月 22 日至 24 日，中华全国总工会在北京召开第八届七次执委扩大会议。出席会议的有全总负责人、执委、候补执委和各省、市、自治区工会负责人，共 190 多人。这是全国总工会停止活动长达 11 年之后召开的第一次执委会议，它标志着全国总工会作为全国工会组织的最高领导机构正式恢复。会议主要是研究关于召开工会九大的问题，会议原则通过了关于召开工会九大的《通知》，并一致同意 10 月在北京召开中国工会第九次全国代表大会。会议总结了一年多来工会系统揭批“四人帮”的成果，强调要将“四人帮”反革命纲领和极“左”路线在工运领域的表现和危害集中起来，引导各级工会和职工群众继续深入系统地进行批判。要通过批判分清工运领域的思想、理论是非，为开好中国工会九大作思想、理论上的准备。会议回顾了新中国成立以来的工人运动和工会工作，批判了“四人帮”抛出“工运黑线统治论”，全盘否定工会工作成绩的谬论。一致认为，新中国成立以来全国总工会各级工会在党的领导下，做了大量工作，成绩是主要的，广大工会干部和积极分子是好的和比较好的，他们同林彪、“四人帮”的干扰破坏进行了坚决的抵制和顽强的斗争，作出了应有的贡献。会议认为，“四人帮”搞乱工运领域的实质是要扭转工人运动和工会工作的正确方向，并阴谋以帮代会，以会代党，把工会凌驾于党和政府之上，妄图利用工会篡党夺权。会议集中清理和批判了“四人帮”搞乱工运领域的谬论和罪行，包括颠倒社会主义历史阶段的敌我关系；污蔑工会是“生产工会”“福利工会”和“全民工会”；推行愚民政策；煽动无政府主义等，指出他们反对抓革命、促生产，反对关心职工生活，反对把包括知识分子在内的职工群众广泛地组织起来，反对工会组织职工学政治、学文化、学技术，反对工会对职工进行组织性、纪律性教育，严重破坏社会主义革命和建设，破坏党与群众的血肉联系，破坏工人阶级团结，破坏职工队伍的革命化、现代化建设，破坏工人阶级的革命传统和革命作风。这些都给工人运动和工会工作造成巨大损失，必须彻底肃清。会议讨论通过了《关于召开中国工会第九次全国代表大会的通知》，并于 5 月 1 日公开发表。《通知》要求各级工会组织发动职工群众积极参加并打好揭批“四人帮”的第三战役，深入揭批他们的反革命修正主义路线；组织职工响应中共中央关于“提高整个中华民族的科学文化水平”的号召，掀起一个新的持久的学习运动；组织以增产节约为中心的社会主义劳动竞赛，全面完成和超额完成国家计划；关心职工生活，保护和发扬职工的革命积极性和劳动热情；发动职工积极参加企业整顿，在整顿企业的同时把工会整顿好、建设好。《通知》号召全国职工发扬工人阶级的革命传统，向社会主义四个现代化宏伟目标奋勇前进，用优异的成绩迎接中国工会第九次全国代表大会的召开。全国总工会恢复活动，并就当时最为迫切的深入揭批“四人帮”和加快恢复发展国民经济两项任务作出部署，以及为召开工会九大所做的准备工作，都是工运领域的重要拨乱反正，是工会和工人阶级为推动实现根本历史性转变作出的重大努力，因此，这次执委扩大会议对于正处在恢复中的工会和工人运动具有重要意义。这次执委扩大会议后，全国总工会接着就在 4 月 27 日至 29 日召开了全国劳动模范座谈会。115 名全国著名的劳动模范聚集一堂，畅谈粉碎“四人帮”的喜悦心情，交流坚持生产同“四人帮”斗争的经验，并联名发表《决心书》，号召全国劳动模范争当新长征的排头兵。这次座谈会实际上开成了向四个现代化进军的誓师会，是贯彻执委扩大

⊙ 全国总工会于 1978 年 4 月 27 日召开了全国劳动模范座谈会

会议精神的具体体现。

粉碎“四人帮”后，工人阶级和全国人民被压抑的生产积极性得到了解放，他们以极大的热情投入各项建设工作中。党和国家为努力把国民经济搞上去，采取了一系列措施。1977 年 3 月 3 日至 16 日，国务院召开全国计划会议，明确肯定 1975 年邓小平主持整顿期间有关部门起草的《关于加快工业发展的若干问题》《关于科技工作的几个问题》和《论全党全国各项工作的总纲》是三篇好文稿。1978 年 4 月 20 日，中共中央颁发《关于加快工业发展若干问题的决定（草案）》。这个文件是在 1975 年起草的《关于加快工业发展的若干问题》基础上修订而成的。文件对企业整顿提出了具体标准，明确规定：企业要以生产为中心，理直气壮搞好生产；坚持以责任制为核心的各项规章制度，大力提高企业管理水平。经济理论界也从 1977 年 2 月起开展了关于按劳分配和“资产阶级法权”等问题的讨论，该讨论在 4 月以后逐步扩大规模。在讨论中，批判了把按劳分配说成是“产生资产阶级法权的经济基础”，把发展生产说成是所谓“唯生产力论”等谬论。在按劳分配问题讨论的推动下，1978 年 5 月 7 日，国务院发出通知，要求贯彻逐步改善职工生活的方针，有条件、有步骤地实行奖励和计件工资制度。9月，国务院要求有关部门尽快提出改革工资制度、奖励制度和劳保福利制度的具体意见。11月25日，国务院批转财政部《关于国营企业试行企业基金的规定》，允许完成国家计划的企业提取一定数量的利润作为企业基金，用于举办集体福利事业和奖励职工，把企业经营成果同企业和职工切身利益联系起来，以改变企业办好办坏一个样的现象。当年下半年，全国有不少企业和单位恢复了计件工资和奖金制度。国家政策的调整，对调动企业和职工的生产积极性起了重要的促进和保证作用。在恢复发展生产的过程中，广大职工群众决心把“四人帮”耽误的时间夺回来，把“四人帮”造成的损失补回来。他们以大庆人“大干社会主义有理、大干社会主义有功、大干社会主义光荣”作为自己的豪迈誓言，在全国范围内迅速掀起社会主义劳动竞赛的热潮。铁路是劳动竞赛的发起源头。1977年3月，郑州铁路局和北京铁路局率先相互开展竞赛，引发全国铁路系统的强烈反响，掀起“比学赶帮超”的竞赛热潮，使铁路运输生产稳步上升，当年第二季度就创造了历史最高纪录。在铁路带动下，劳动竞赛推向全国。在遭受强烈地震破坏的唐山开滦煤矿，广大职工坚持生产，在震后一年多的时间里，共排除井下积水1.6亿多吨，修复巷道700多公里和33000多台机器设备，到1977年12月全矿平均日产量达7万吨，已达到地震前的水平。钢铁企业的职工积极配合企业的整顿，发扬主人翁精神，使企业面貌很快改观，全国钢铁生产到1977年10月已超过历史最高水平。经过广大职工的努力奋斗，全国工业总产值从1977年3月起逐月增加，到6月有24个省、自治区、直辖市超过1976年同期水平。80种主要工业产品的产量，到1977年5、6月，绝大多数已高于上年同期水平，其中26种创造了历史最高月产水平。1977年的工业总产值比上年增长14.6%，这一年全国有60%的职工不同程度地增加了工资。1978年的工业总产值又比上年增长13.5%，80种主要产品中有65种完成和超额完成了国家计划，其中，钢产量达到3178万吨，比1976年增长55.3%，扭转了连续几年在2000万吨左右徘徊的局面。所有这些说明，遭受“文化大革命”严重破坏的工业生产已经得到初步恢复和发展。工业的恢复和发展，又带动了整个国民经济的恢复和发展，工人阶级发挥了主力军作用，作出了巨大贡献。

第七章

重获生机　再展宏图

（1978—1992 年）

工会九大与工会组织浴火重生 ◆◆

粉碎“四人帮”后，长达十年的“文革”浩劫宣告结束，为国家政治经济生活步入正轨创造了有利条件，也为中国工会运动的发展提供了新的机遇。饱受磨难的中国工会运动与整个国家的命运一样，迎来了历史性的转机。从 1978 年起，在党中央的领导和支持下，各级工会组织开展了拨乱反正运动。经过思想解放、平反冤假错案、恢复和重建工会组织以及全面推进工会各项工作，工会运动开始迎来复兴。

1978 年 10 月 11 日至 21 日，中国工会第九次全国代表大会在北京隆重举行。这次大会是与中国工会八大相隔 21

年之后，我国社会主义建设事业进入新的历史发展时期工会的首次盛会，是向社会主义四个现代化进军的大会，是我国工人运动经历了“文化大革命”的破坏之后得以复兴的标志。这次大会取得卓著功绩，在工人运动史上具有重大意义。召开这次代表大会的主旨就是要进一步统一和加强对全国工会和工人运动的领导，承担起新时期赋予工会和工人阶级的历史任务。出席大会的有来自各地方和产业工会的代表共 1967 人，代表着全国 5000 多万名工会会员，这是中国工会历次代表大会规模空前的一次盛会。由我国台湾地区的工会会员代表组成的代表团参加大会，是历次工会代表大会所未有的。大会的根本任务是：进一步动员全国工人阶级，为实现新时期的总任务，建设社会主义现代化强国而奋斗。

中共中央副主席、国务院副总理邓小平代表中共中央和国务院向大会作了题为《工人阶级要为实现四个现代化作出优异贡献》的致词。致词全面、深刻地阐明了工会的性质、地位、作用和任务，是指导新时期工人运动和工会工作的纲领性文献。国务院副总理余秋里作经济形势报告。国务院副总理方毅作科学技术工作的书面报告。倪志福代表中华全国总工会第八届执行委员会向大会作题为《中国工人阶级新的

⊙ 中国工会第九次全国代表大会会场

伟大历史使命》的工作报告。报告阐述了工人阶级新的历史使命和当前任务是要在20世纪内把我国建设成四个现代化的社会主义强国，使我国国民经济走在世界的前列。为了完成这一新的历史使命，工人阶级必须不断提高政治觉悟，努力掌握现代科学技术，迅速发展社会生产力。报告强调，我国工人阶级新时期的历史使命也是工会的使命。因此，工会在动员、组织工人群众为实现新的历史使命而进行的斗争中必须更好地发挥作用。

大会选举产生了中华全国总工会第九届执行委员会，执委会委员193名、候补委员85名。中国工会九大新修订的《中国工会章程》，将原来的执委会主席团改为常务委员会，将书记处由执行委员会选举产生，改为其人选由常委会决定，同时，第一次明确书记处设候补书记。10月22日，中华全国总工会第九届执行委员会第一次全体会议选举产生了常务委员会，常务委员29名。选举倪志福为全国总工会主席，朱学范、马纯古、康永和、黄民伟、陈宇、宋侃夫、王崇伦、韩荣华、刘玉娥（女）、章瑞英（女）为副主席。

工会九大提出了新时期工会工作的基本方针：在中国共产党的领导下，遵循党的十一大路线，团结、教育、吸引广大职工不断提高政治觉悟，掌握现代科学技术，积极参加管理，广泛开展社会主义劳动竞赛，努力提高劳动生产率，并在发展生产的基础上逐步改善职工群众的物质文化生活，为实现新时期的总任务而奋斗。为了贯彻这个方针，要着重做好五项工作：一是加强对工人群众的政治教育和文化技术教育；二是吸引工人参加管理，保障工人当家作主的民主权利；三是把社会主义劳动竞赛提高到一个新的水平；四是关心群众生活，保护工人利益；五是把各级工会组织切实整顿好，建设好。

工会九大是工会拨乱反正的起点，也是我国工人运动和工会工作新的伟大开端。它对工人运动和工会工作的历史评价和制定的新时期工会工作方针基本是正确的。但是囿于当时的历史条件，这次大会通过的文件中仍然残留“左”的错误痕迹，因而使这次大会的历史作用受到局限。

1978 年 12 月，中共中央召开了具有历史意义的十一届三中全会。这次全会对中国工人运动和工会工作的发展产生了深远的影响。为了贯彻党的十一届三中全会精神，全国总工会于 1979 年 2 月下旬召开了常委扩大会议，提出：“工会的一切工作、一切活动都应当紧紧围绕着社会主义现代化建设这个中心进行。”

在解放思想、拨乱反正的过程中，新一届全国总工会党组本着对工会历史和工会现实负责的态度，对1951年错误处理的“李立三案”和1958年错误处理的“赖若愚案”进行了深入细致的复查工作。1979年6月18日，全国总工会党组作出《对中华全国总工会党组第三次扩大会议的复查结论》和《对中华全国总工会党组第三次扩大会议的复查报告》，推翻了全国总工会党组第三次扩大会议对赖若愚、董昕等人所作的错误结论，认为对赖若愚、董昕等人的“污蔑不实之词，应予推倒，受到批判斗争和处分的同志应予以彻底平反，恢复名誉”。

在全国总工会平反冤假错案的同时，各地工会组织也开展了对本地区、本部门历史上冤案错案的平反工作，特别是对“文革”中形成的冤假错案，一经查实，即予平反，为一大批遭受迫害的工会干部和劳动模范落实了政策。工会内部开展的平反冤假错案的工作，在思想上和实践上分清了是非，摘掉了长期压在工会组织头上的“工团主义”“经济主义”两顶大帽子，极大地调动了职工群众的生产热情和工作积极性，促进了工会工作的全面恢复与发展。

随着工会工作的恢复和发展，基层工会组织不断壮大，组织数量稳步增加。1979 年，全国工会共有基层组织 32.9 万个，1980 年为 37.6 万个，1981 年为 41.1 万个，1982 年为 43.3 万个。到 1983 年，全国职工总数达到 1.15 亿人，工会会员达到 7693.4 万人，基层工会组织达到 44.7 万个，车间工会组织 54.5 万个，工会小组 61.4 万个，中国工会成为世界上最大的工会组织之一。

建“职工之家”做“职工之友”

1983 年 3 月 14 日，中央书记处在听取全国总工会筹备工会十大汇报时，作出工会要真正成为“职工之家”、工会干部要真正成为“职工之友”的重要指示。

1983 年 10 月 18 日至 29 日，中国工会第十次全国代表大会在北京隆重举行。出席这次大会的代表有 1998 人，特邀代表有 328 人，代表全国各条战线的 7331 万名工会会员。党和国家领导人胡耀邦、邓小平、李先念、陈云、彭真、邓颖超、乌兰夫等出席了大会开幕式并会见全体代表。这次大会是在党的十一届三中全会以后，我国的思想、政治、经济和社会等方面的拨乱反正和恢复发展已顺利完成，社会主义建设道路已开始探索，中国社会也在进入改革开放历史阶段的背景下召开了一次重要会议。大会的主题是“在社会主义物质文明和精神文明建设中发扬工人阶级的主人翁精神”。这次会议的主要贡献就是总结了党的十一届三中全会和改革开放以来，工人运动和工会工作的成就和基本经验，分析了新的形势和任务，确定了今后五年的基本工作方针，为全面改革中的工人运动和工会工作的蓬勃发展指明了方向。

中共中央政治局常委、国家主席李先念代表中共中央、国务院向大会致词。他在致词中深刻地阐述了新时期中国工人运动的根本任务和工会的重要职责是把我国建设成为现代化的、高度文明、高度民主的社会主义国家。为适应这个根本任务的要求，工会必须把提高广大职工的思想政治素质和科学文化素质，在两个文明建设中发扬工人阶级的主人翁精神当作自己的首要职责。李先念的致词是继邓小平在工会九大致词后，又一个指导新时期我国工人运动和工会工作的纲领性文献。

中华全国总工会主席倪志福代表全总第九届执行委员会向大会作了题为《在社会主义物质文明和精神文明建设中发

扬工人阶级的主人翁精神》的工作报告。报告提出新时期工会工作的方针应当是：以四化建设为中心，为职工说话、办事，维护职工的合法权益，加强对职工的思想政治教育和文化技术教育，建设一支有理想、有道德、有文化、守纪律的职工队伍，充分发挥工人阶级在社会主义物质文明和精神文明建设中的主力军作用。依据这一指导方针，新时期工人阶级的六项光荣任务是：提高阶级觉悟，严明劳动纪律；学习文化技术，增长建设才干；推进民主管理，反对官僚主义；着眼国家全局，逐步改善生活；发扬战斗精神，反对歪风邪气；更大规模地开展先进生产者和先进集体活动。

工会十大通过了《关于中国工会工作报告的决议》《关于工会财务工作报告的决议》《关于中国工会章程的决议》和《中国工会章程》。大会选举产生了中华全国总工会第十届执行委员会和第十届经费审查委员会，执委会委员 241 名、候补委员 83 名、经审会委员 42 名。在十届一次执委会上，倪志福继续当选全国总工会主席，顾大椿、尉健行、罗干、王崇伦、章瑞英（女）、王家宠、蒋毅当选为副主席。十届执委会书记处倪志福任第一书记，书记有尉健行、罗干、王崇伦、章瑞英（女）、陈秉权、刘实、王申详、王

⊙ 大会选举中国工会第十届执行委员会委员

珣、张富有、李雪莹(女)。从这一届执委会的组成人员来看，平均年龄为45岁，比上届执委平均年龄降低7岁多。文化水平也有明显提高，具有大专文化程度的约占委员数的38%。书记处11人中，55岁以下的有9人，具有大专文化程度的有6人。这就进一步实现了领导班子的新老合作与交替，从而为开创工人运动和工会工作的新局面，提供了重要的组织保证。

工会十大在论述工会自身建设任务时指出，工会要有战斗力，能够在社会主义现代化建设中生机勃勃地发挥积极作用，就一定要从自己是党领导的群众组织这个特点出发，切切实实地为职工多办事、办好事，把职工的积极性调动起来；一定要维护职工的合法权益，勇敢地扶持正气，压制邪气，在社会和国家生活中起积极作用；一定要面向基层、面向职工，密切联系群众，反映职工的呼声和要求，真正成为“职工之家”。

大会表彰了全国性的先进基层工会116个，先进工会小组990个，优秀工会工作者1116名，优秀工会积极分子8840名，并分别颁发了奖旗、奖章和证书。这在我国历届全国性工会代表大会史上尚属首次。大会指出，这些先进工会工作者和先进基层工会，想职工之所想，急职工之所急，任劳任怨，热情为群众服务，成为可信赖的“职工之友”、工会被誉为温暖的“职工之家”。他们是工运领域的排头兵、好榜样。

1984 年 4 月，全国总工会下发了《关于整顿工会基层组织，开展建设“职工之家”活动试行办法》，提出建设“职工之家”的 6 条标准，要求从 1984 年下半年开始，争取用 3 年左右时间，对全国 43 万个基层工会普遍进行一次整顿，逐步把基层工会办成名副其实的“职工之家”，从而拉开了基层工会开展“建家”活动的序幕。

为了进一步深化经济体制改革，中国共产党于 1984 年 10 月召开了十二届三中全会。全会分析总结了十一届三中全会以来城乡经济体制改革的经验，作出了具有历史意义的《中共中央关于经济体制改革的决定》。《决定》阐述了工会在企业改革中的作用，指出必须健全职工代表大会制度和各项民主管理制度，充分发挥工会组织和职工代表在审议企业重大决策、监督行政领导和维护职工合法权益等方面的权力和作用，体现工人阶级的主人翁地位。要求工会在改革的全局中摆正自己的位置，围绕增强企业活力，促进生产力发展开展工作，要十分注意在重大决策上发挥作用，认真处理在改革和建设中涉及职工利益的各种问题，维护职工的合法权益。党的十二届三中全会的召开对中国工人运动和工会工作产生了深远的影响。在当年底召开的全国总工会十届二次执委会议上，作出了《认真贯彻党的十二届三中全会精神，充分发挥工会组织在经济体制改革中的作用》的决议。

为了进一步加强基层工会建设，充分发挥基层工会的作用，1990 年 4 月 17 日至 21 日，全国总工会在吉林省吉林市召开了全国工会基层工作会议，讨论如何贯彻中共中央 12 号文件和党的十三届六中全会精神，把工会工作重点放在基层，增强基层工会活力的问题。同年 5 月 3 日，全国总工会书记处会议讨论通过了《中华全国总工会关于继续深入开展建设职工之家活动的决定》，对建设职工之家提出了 6 条基本要求。《决定》的下发，推动职工之家建设活动进一步向深层次发展。

进入新世纪后，深入开展建设职工之家活动，建家的内容和领域进一步拓宽。各级工会贯彻全国总工会《关于在新形势下深入开展建设职工之家活动的意见》，拓宽建家领域，充实建家内容，不断推动建家工作的创新发展。

吹响改革的号角 ◆◆

自改革开放起，中国工会每五年召开一次会员代表大会已成惯例，这既与中共每五年召开一次的全国代表大会相一致，又便于接受党的领导、贯彻党的全国代表大会确定的方针任务，1988 年，迎来了中国工会第十一次全国会员代表大会的召开。

1987 年 10 月召开的中共十三大，是中共历史上以改革为主题的又一次重要会议。党的十三大高度重视在改革中发挥工会等群众组织的重要作用和职能，认为工会等群众团体历来是党和政府联系工人阶级和人民群众的桥梁和纽带，在社会主义民主生活中具有重要作用。要理顺党和行政组织同群众团体的关系，使各种群众团体能够按照各自的特点独立自主地开展工作，能够在维护全国人民总体利益的同时，更好地表达和维护各自所代表的群众的具体利益。中共十三大阐明了工会工作的重点和工会自身的改革方向，强调群众团体也要改革组织制度，转变活动方式，积极参与社会协商、民主管理和民主监督，把工作重点放在基层，克服“官”气和行政化倾向，赢得群众特别是基层群众的信任。

中共十三大和十三届三中全会相继召开后，党中央在治理经济环境，整顿经济秩序，全面深化改革新形势下，赋予工会新的光荣而艰巨的任务，使中国工会进入重要的历史性转变时期，即要从长期习惯于产品经济条件下的工会工作，转变为社会主义有计划商品经济条件下的工会工作；从长期在权力过分集中，党群不分甚至政群不分的旧体制下的工会工作，转变到在党的领导下，分清各自的社会职能，依法独立自主地开展工作的新体制下的工会工作；从过去无论从思想观念、组织体制以至活动方式上存有行政化倾向的工会，转变为群众化、民主化的工会。在实现这三个历史性转变中，现实的工会还有许多方面不能适应，这就需要工会工作者进一步解放思想，积极探索工会工作的新路子，开创工会工作新局面。

1988 年 10 月 22 日至 28 日，中国工会第十一次全国代表大会在人民大会堂隆重举行。出席大会的代表 1515 人，代表全国各条战线上的 9600 多万名工会会员。党和国家领导人邓小平、杨尚昆、李鹏、万里、李先念、彭真、王震等会见了出席大会的代表。党中央、国务院向大会致祝词，高度评价工人阶级在改革开放和社会主义现代化建设中的巨大贡献和重要作用，充分肯定中国工会在团结广大职工投身改革和建设事业、促进国家经济繁荣和维护社会安定团结中的重要作用。这次大会是在确定了工会改革的基本框架的情况下召开的，贯彻了党的十三大确定的社会主义初级阶段的基本路线，适应了我国经济体制改革和社会发展需要。这次大会以其改革主题而被载入中国工会运动的史册。

中华全国总工会主席倪志福代表全总第十届执行委员会作了题为《推进工会改革，团结亿万职工在全面深化改革中发挥主力军作用》的工作报告。概括总结了工会十大以来，各级工会所进行的开创性工作和所取得的成就，同时也指出了工会自身建设和改革方面存在的问题。提出了工会在全面深化改革中的方针和任务，即以经济建设为中心，立足改革全局，把发展生产力和维护职工利益结合起来，增强基层工会活力，实现工会的群众化、民主化，团结广大职工为建设有中国特色的社会主义而奋斗。为贯彻实施这一方针，要着重做好四项工作：一是发挥职工群众积极性，提高企业经济效益；二是参与协调社会矛盾，促进全面深化改革；三是推进民主政治建设，维护社会安定团结；四是加强精神文明建设，提高职工队伍素质。确定了工会改革的目标、原则、方向和实施步骤。改革目标为：把我国工会建设成为中国共产党领导的，独立自主、充分民主、职工信赖的工人阶级群众组织，在国家和社会生活中发挥重要作用的社会政治团体。为实现这一目标，规定当前和今后一个时期工会改革的主要内容是：进一步明确工会的社会职能，理顺工会与党、工会与政府、工会与企事业行政方面的关系，以增强基层工会活力为中心环节，密切工会和群众的关系，改革工会的组织制度和活动方式，实现工会的群众化、民主化。

倪志福的工作报告和《工会改革的基本设想》（以下简称《设想》）是工会十一大的两个主要文件。由于《设想》已在全总十届六次执委会议获得通过，故没有列入工会十一大审议议程，但在到会代表的一致要求下，大会主席团决定把这个文件印发给到会代表。《设想》集中总结了工会十大以来工会改革的积极成果，第一次提出了工会改革的总体构想，对新时期工会的社会职能和工作方针，工会改革的外部条件，工会自身的几项重大改革都提出了明确的意见，因而它在中国工会发展史上具有重大指导意义。

首先，《设想》贯穿了鲜明的指导思想，即以党的十三

⊙ 中国工会第十一次全国代表大会会场

大确定的基本路线为指针，进一步解放思想，认真总结中国工会运动的历史经验教训，全面分析中国工会现状，按照中国现阶段经济体制改革和政治体制改革的总体要求，强调工会改革是国家整个政治体制改革的一部分，因而工会改革不能孤立进行，必须把工会改革放在国家经济体制和政治体制改革的全局之中来考虑，使工会改革与党和国家各项经济，政治的重大改革措施同步发展，协调进行，既有自己的长远目标，又有可行的现实步骤；强调改革是一个渐进的历史过程，它受到社会改革进程和社会历史因素的制约与影响，因此不能急于求成，必须分步实施，稳妥进行；强调改革的目的是强化工会作用。

其次，《设想》阐明了工会改革的主要内容和基本精神。第一，它概括了新时期工会的社会职能。《设想》提出，在社会主义初级阶段，中国工会要遵循以经济建设为中心，在维护全国人民总体利益的同时，更好地表达和维护职工群众具体利益的基本原则，充分履行自己的社会职能，即维护职工群众的合法利益和民主权利；吸引职工群众参加改革，努力完成经济与社会发展任务；参与国家和社会事务的管理，参与企业、事业单位的民主管理；通过工会这个特殊的学校提高职工队伍的素质。《设想》指出，工会的维护、建设、参与和教育的职能是密切联系、不能割裂的，只有这样才能全面地发挥工会的社会作用。第二，它明确了工会改革的目标和近期改革的主要内容。《设想》提出，工会改革是国家政治体制改革的重要组成部分。改革的目标是：遵循党的纲领和路线，把工会建设成为独立自主、充分民主、职工信赖的工人阶级群众组织，在国家和社会生活中发挥重要作用的社会政治团体。近期改革的内容是理顺工会和党的关系，理顺工会和政府与行政方面的关系，使工会依法独立自主地开展工作；密切工会与群众的联系，以增强基层工会活力为中心环节，深入进行工会的自身改革，明确工会的社会职能和工作方针，改革组织制度与活动方式，克服“官办”气息和行政化倾向，实现工会组织的群众化、民主化。第三，为了实现上述目标，《设想》提出了各项改革的具体内容和途径。关于工会与党的关系，强调主要是分清二者的职能，使工会能在党的领导下，依照法律和章程独立自主地履行自己的社会职能。关于工会与政府的关系，强调工会在政府行使管理权力的过程中，发挥民主参与和社会监督作用。工会维护国家的政令统一，贯彻执行政府的政策法令，政府尊重法律规定的工会的地位和权利，支持和保障工会依法维护职工的合法权益，使工会成为政府的亲密合作者和坚强的社会支柱。关于工会与企业行政的关系，强调工会和厂长要互助支持，平等合作。工会要尊重和维护厂长的中心地位和管理权威，厂长要尊重工会代表、维护职工利益，保障工会依法独立自主地开展工作的权利。关于理顺工会内部关系，强调工会是职工群众自己的组织，要以群众的要求和愿望作为自己一切工作和活动的出发点。群众是组织在基层中的，工会改革要以增强基层工会活力为中心环节。通过改革，使基层工会同广大职工群众建立密切联系，成为群众信赖的“职工之家”，能够在错综复杂的社会矛盾中独立地决定自己的工作，自主地开展各种活动，敢于维护职工的合法权益，吸引和团结职工为推动本单位的改革和发展共同奋斗。《设想》还提出，为了实现工会的群众化、民主化，必须改变工会的组织制度和活动方式。工会的组织制度要逐步向联合制、代表制的方向过渡，即各级工会的领导机构由其所属基层工会或下级工会的代表联合组成，真正做到工会代表职工，上级代表下级，为基层、为职工服务。关于干部制度改革，《设想》提出，其重点应是完善工会干部的选举制度，改变事实上存在的委派制。除上述内容外,《设想》还提出了其他一些具体改革措施。

《设想》是在发动群众集思广益并吸取各方面意见基础上产生的，它是集体智慧的结晶。它首次推出了中国工会改革的总体蓝图，虽然尚需经过实践的验证进一步修改、调整，但它规定的基本原则对中国的工会改革和工会工作的发展，仍将起到重大的指导作用。

中国工会十一大选举产生了中华全国总工会第十一届执行委员会和第十一届经费审查委员会，执委会委员 229 名，经审会委员 35 名。倪志福再次当选全国总工会主席，朱厚泽、王厚德、陈秉权、章瑞英(女)、郑万通、李容光、李沛瑶为副主席。在全总第十一届执委会主席团第一次会议上，选举朱厚泽为全总书记处第一书记，王厚德、陈秉权、章瑞英(女)、郑万通、李容光、李沛瑶、方嘉德、张富有、于庆和为书记。根据中国工会十一大新修订的《中国工会章程》，取消了书记处候补书记的设置。以前的章程没有规定代表和委员实行差额选举的内容，新修订的章程规定实行差额选举。

第八章

迎难而上　勇立潮头

（1992—2002 年）

在市场经济熔炉中淬炼转型

中共十四大后，党中央、国务院围绕建立社会主义市场经济体制的改革目标，制定了逐步建立社会主义市场经济体制的总体规划，并相应地进行了一系列配套改革，使国家的经济体制逐步同发展社会主义市场经济的要求相适应。1993 年 3 月，全国人大八届一次会议上的《政府工作报告》明确提出，按照建立社会主义市场经济体制的要求，从 1993 年起，要力争在转换国有企业经营机制、发展各类市场、价格改革、劳动工资制度改革、推进社会保障和城镇住房制度改革、改善和加强宏观经济管理等方面取得突破性进展。同年

11 月，中共十四届三中全会通过的《中共中央关于建立社会主义市场经济体制若干问题的决定》，明确了建立社会主义市场经济体制的基本任务和要求。中国的经济体制改革开始向建立社会主义经济体制的目标大步推进，财税制度、金融体制、外贸体制、价格管理体制和国有企业的改革等深层次的改革相继展开。

1993 年 10 月 24 日至 30 日，中国工会第十二次代表大会在北京召开。出席大会的代表有 1600 人，代表全国各条战线的 10176 万名工会会员。同时，还有 296 名特邀代表和 21 名港澳地区工会界的来宾列席大会。党和国家领导人江泽民、李鹏、乔石、李瑞环、朱镕基、刘华清、胡锦涛等出席了开幕式并接见全体代表。这次大会的主要任务是全面贯彻中共十四大精神，系统地全面总结自中共十一届三中全会以来，十五年工人运动和工会工作的伟大实践和基本经验，决定今后一个时期工会工作的方针和主要任务。

中共中央政治局常委、中央书记处书记胡锦涛代表党中央、国务院发表了《我国工人阶级的伟大使命》的祝词。祝词高度评价了中国工人阶级的历史地位和作用，指出了中国工人阶级在新时期的伟大使命，强调了在社会主义市场经济条件下，工会的地位和作用更加重要，工会的任务和责任更加重大，并对工会的改革和建设提出了具体要求。这对工会运动的新发展，具有重要指导意义。

全国总工会副主席、书记处第一书记张丁华代表全国总工会第十一届执委会作了题为《团结动员全国职工发挥主力军作用，为夺取有中国特色社会主义事业的更大胜利而奋斗》的工作报告。报告指出，中国工会十五年来，在理论上有新的突破，在实践上有新的创造，工作领域有新的扩展，社会作用有新的增强。但工会工作中也存在差距和不足，即在发展社会主义市场经济的形势下，思想观念不完全适应客观形势的要求，对经济关系、劳动关系研究不够，多层次、多渠道参与不够；工会组织的群众化、民主化建设还有差距，需要进一步改进工作作风，密切与职工群众的关系。

报告把建设有中国特色社会主义工会工作的基本经验概括为九条：一是必须自觉地接受中国共产党的领导，并在党的领导下，独立自主地开展工作，两者统一于工会工作的全过程；二是必须坚定不移地贯彻党的基本路线，关键是以经济建设为中心不动摇；三是必须坚定不移地推动党的全心全意依靠工人阶级根本方针的贯彻落实；四是必须坚持解放思想、实事求是的思想路线，不断推动工会理论和实践的发展；五是必须坚持“两个维护”的统一，全面履行工会四项社会职能；六是必须坚持与政府的相互合作与支持，加强对政府工作的民主参与和社会监督，成为国家政权的重要社会支柱；七是必须密切联系群众，成为中国共产党联系职工的桥梁和纽带，成为职工群众利益的重要代表者和维护者；八是必须以增强基层工会活力为中心环节，加强工会自身的改革和建设，努力实现群众化、民主化，把工会建设成为职工群众信赖的职工之家；九是必须坚持“独立自主、广泛联系”的方针，高举“和平、发展和工人权益”的旗帜，发展同各国工会和国际工会组织的交往与合作关系，善于吸取和借鉴外国工会有益的经验，增强有实质内容的交流与合作。

大会提出了今后一个时期工会工作的方针任务，重申了中国工会十一大关于要“更好地表达和维护职工群众的具体利益”的提法，并且在对工作方针具体论述时，对维护的内容和方式作了进一步阐述：“适应社会主义市场经济要求，建立稳定协调的劳动关系，保障职工的主人翁地位，有利于增强企业的凝聚力和提高经济效益，是经济发展和社会稳定的重要条件。工会要代表职工加大调节劳动关系的力

⊙ 全国总工会十二届一次执行委员会上，中共中央政治局委员尉健行当选为全国总工会主席

度，在维护职工民主权利的同时，有效地维护职工的劳动权利和物质文化利益。必须高度重视对国家和地方的立法参与和决策参与，搞好制定法律、法规和重大改革方案等宏观层次上的参与和维护，使基层工会在维护职工具体利益时，有法可依，有章可循。”这表明，工会十二大已经明确了工会维护的出发点和立脚点是职工的具体利益，只有维护好职工的具体利益，才能使劳动关系稳定和谐，才有利于增强企业的凝聚力和提高经济效益，进而达到经济发展和社会稳定的目的。

大会提出了需要努力实现的八项主要任务：即动员职工发扬艰苦奋斗创业精神，为国民经济上新台阶建功立业；依靠职工深化改革，努力推进国有企业特别是国有大中型企业转换经营机制；进一步扩大工会工作领域，促进乡镇、外商投资企业和私营企业的健康发展；加强立法参与和决策参与，依法维护职工权益；加强职工队伍建设，全面提高职工素质；统筹规划，积极稳妥地发展工会企事业；大力支援农业，进一步巩固新时期工农联盟；加强工会国际工作和对外交流活动；按照“和平统一、一国两制”的方针，进一步发展同港澳工人和工会的友好合作关系，开展同台湾劳工界和工会的合作与交流，争取和推动早日实现祖国统一。

最后，大会对加强工会自身建设和改革提出明确要求。工会十二大工作报告指出，工会改革的中心环节是增强基层工会活力，关键是转变各级工会领导机关的运行机制和活动方式，加快工会组织群众化、民主化的进程。提出了六个方面的具体要求，即：用建设有中国特色社会主义理论武装工会干部，加强工会领导班子建设；加强工会领导机关的改革和建设，切实为基层和职工群众服务；依靠会员群众办工会，努力增强基层工会活力；适应形势要求，进一步健全和完善工会体制；加强工运理论政策研究，不断提高工会工作水平；加强工会财务和经审工作等。

中国工会十二大选举产生了中华全国总工会第十二届执行委员会和第十二届经费审查委员会，执委会委员 241 名，经审会委员 40 名。尉健行当选为全国总工会主席，张丁华、杨兴富、李奇生、刘珩（兼）、江家福（兼，壮族）、张国祥、方嘉德、薛昭鋆（女）、滕一龙为副主席。张丁华被推选为十二届执委会书记处第一书记。中国工会十二大新修订的《中国工会章程》规定，“中华全国总工会执行委员会委员和产业工会全国委员会委员实行替补制”“中华全国总工会经费审查委员会委员实行替补制”。从本次代表大会开始，中华全国总工会执委会委员、经审会委员和产业工会全国委员会委员实行替补制，作为制度正式执行。

中国工会十二大是在改革关键阶段、发展重要时期召开的一次重要会议，会议取得的积极成果，对于指引中国工人运动和工会工作实现从习惯于计划经济向适应于市场经济转变，不断开拓新领域、实现新发展具有重要意义。

随着社会主义市场经济体制的建立，我国经济进入了高速发展的阶段。到 1995 年，我国经济已提前实现原定 2000 年比 1980 年翻两番的目标。与经济高速发展和经济体制深刻转变相伴生，社会利益格局和利益关系发生了深刻的变化。如何适应形势发展的需要，制定正确的工作方针和具体方略，科学调整复杂的劳动关系，切实维护职工群众的合法权益，是工会面临的突出任务。

工会组织加强立法参与和源头参与，加大依法维权的力度。这期间，全国总工会积极参与了《劳动法》《公司法》等市场经济基本法律以及与《劳动法》配套的三十多项法律法规的起草和修改工作，提出了制定《集体合同法》等立法建议和众多法律法规的研究制定，与有关方面联合发布了三十多份维护职工权益方面的文件，促进了许多涉及职工切身利益的重要问题的解决。1994 年 7 月，《中华人民共和国劳动法》颁布，并于 1995 年 1 月 1 日起开始实施。1994 年 12 月召开的全国总工会十二届二次执委会议审议通过了《全国总工会关于贯彻实施〈劳动法〉的决定》，提出“以贯彻实施《劳动法》为契机和突破口，带动工会各项工作，推动自身建设和改革，努力把工会工作提高到一个新水平，在改革、发展、稳定中更好地发挥作用”。这一要求后来被概括为“工会工作总体思路”。按照总体思路的要求，各级工会以贯彻实施《劳动法》为契机和突破口，运用《劳动法》赋予工会权利和手段，把开展平等协商、签订集体合同，作为工会贯彻实施《劳动法》、维护职工合法权益的“牛鼻子”，认真把握“六个环节”：一是签订集体合同必须依法经过平等协商（集体谈判）；二是集体合同的内容必须依法突出本企业劳动关系的主要问题，并力求量化；三是集体合同草案必须提交职工（代表）大会讨论通过；四是职工劳动合同必须用集体合同规范，其标准不得低于集体合同；五是集体合同的实施必须依法进行检查监督，发现问题及时协商解决；六是集体合同的续签，必须提交职工（代表）大会讨论通过。

建立平等协商和集体合同制度及劳动关系协商机制，是市场经济条件下切实维护劳动者权益的重要手段和基础性环节，对于促进劳动关系和谐稳定具有十分重要的作用。工会与政府有关部门密切合作，大力推行平等协商和集体合同制度，组织和代表职工与用人单位签订集体合同，从整体上维护和代表职工的劳动权益，并用以规范个人劳动合同，促进劳动关系的协调稳定。在各级工会的推动下，到 1998 年，全国签订集体合同的企业达 24.3 万家，涉及职工 6000 多万人，其中外商投资、私营企业签订 2.3 万家和 1.3 万家，分别占已建工会企业的 44％和 47％。同时还与政府有关部门密切合作，制定推进措施，搞好典型示范和分类指导，提出规范意见，有力推动这项工作的开展。在抓集体合同进展的同时，注意提高质量，加强合同的履约监督和动态管理。各级工会积极推动平等协商和集体合同制度的建立和拓展，截至 2002 年底，全国建立平等协商和集体合同的企业已达 30.86 万家，覆盖职工数 16167.6 万人；签订区域性集体合同 6.53 万份，覆盖企业 74.29 万个，覆盖职工 2071.3 万人；全国有 27 个省（自治区、直辖市）开展了签订区域性、行业性集体合同工作，签订行业性集体合同 1.8 万份，覆盖企业

21.9 万个，覆盖职工 1260.2 万人；有 16 个省、自治区、直辖市颁布了集体合同地方法规；有 20 个省、自治区、直辖市颁布了劳动合同管理条例或规章。全国签订工资专项集体协议的企业有 13.53 万余家。

工会还成立省、市(地)、县(区、局)、企业四级劳动法律组织，普遍建立劳动争议调解委员会，组建工会劳动争议调解兼职仲裁员队伍，加大执法检查和调处劳动争议的工作力度，参与、揭露、处理侵犯职工合法权益的行为，特别是外资企业和私营企业中侮辱职工人格、危害职工生命和健康的侵权事件。在全国建立 29 万个基层劳动争议调解委员会，积极开展劳动争议调解和参与劳动争议仲裁，使大量矛盾解决在基层，化解在萌芽状态，促进了职工队伍和企事业单位的稳定。

劳动法律监督和维护职工职业安全卫生得到重视。全国总工会颁发了有关劳动安全的三个条例，各级工会参加安全生产和劳动保护监督检查、工程“三同时”审查验收和重大事故的调查处理，努力促进改善职工劳动条件、生产环境，保护职工的生命健康安全。工会积极参与劳动法律监督、劳动争议调解、仲裁与诉讼，在建立稳定协调的劳动关系中发挥了积极作用。截至2002年6月，各级工会建立的劳动法律监督组织达15022个，共提请劳动监督部门处理的违反劳动法律的行为和事件14782件；劳动法律监督组织受理违法违规案件50876件。工会系统在劳动争议仲裁委员会中的代表有15585名，工会法律服务机构有350多家。在一系列有关劳动安全卫生法律法规及劳动安全卫生国家标准的起草中，工会积极参与并提出意见和主张，将工会依法维护职工劳动安全和职业健康权益、组织职工对安全生产工作进行监督等内容纳入有关法律法规。仅2001年、2002年两年内，工会在与各级地方政府和有关部门的联席会议上提出劳动保护的议题、提案达25137件，解决并落实的有16712件。全国总工会还会同国家有关部门进行全国安全生产大检查和有毒有害化学品专项整治的督察，对安全生产管理上存在的问题、重大事故隐患和职业病危害因素提出整改意见；积极推动国家开展对小煤矿安全生产专项治理，与政府有关部委共同对全国煤炭安全生产秩序进行整顿治理。实施工会劳动保护监督检查制度，群众性劳动安全卫生监督检查工作得到加强。

工会组织积极推动建立健全源头参与的工作机制，与政府及有关部门召开联席（联系）会议制度进一步健全完善。截至 2002 年末，全国有 22 个省、自治区、直辖市总工会与同级政府建立了联席（联系）会议制度，其中有 19 个省、自治区、直辖市由政府办公厅下发了建立联席会议制度的文件，有 16 个省、自治区、直辖市已将联席会议制度向市、县一级拓展；截至 2002 年 9 月底，在全国基层以上工会组织中，有 1933 个与同级政府和行政部门建立联席（联系）的会议制度。

劳动关系三方协调机制初步建立，自 2001 年 8 月国家级协调劳动关系三方会议制度正式建立后，这项制度得到了很好的执行，联合下发了《关于建立健全劳动关系三方协调机制的指导意见》《关于进一步推行平等协商、集体合同制度的通知》和有关加强劳动争议调处、劳动监察和劳动法律监督工作等一系列协调劳动关系的指导性文件；全国有 30 个省、自治区、直辖市先后建立起省级三方劳动关系协调会议制度，并正在向市（地区）、县（市）一级拓展和延伸。截至 2002 年 6 月，全国有 30 个省、自治区、直辖市和部分企业产业建立了劳动关系协商机制。越来越多的非公有制企业通过职（员）工大会、劳资协商、职工恳谈会、沟通会、职工接待日、厂务公开等形式，落实职工的知情权、协商权和监督权。职工董事、职工监事制度也已初步建立，截至2002年9月底，全国建立职工董事、职工监事制度的公有制企业分别为3.84万个和3.96万个。

各级工会领导机关先后推动和参与制定有关维护职工和工会权益的法律、法规和各项政策规定共1264件。其中，全国总工会直接参与了《工会法》《安全生产法》《职业病防治法》《工伤保险条例》和《劳动合同法（草案）》《集体合同法（草案）》《社会保险法（草案）》等30多部法律法规的起草和制定工作，特别是推动完成《中华人民共和国工会法》的修改和最高人民法院相关司法解释的制定；各省、自治区、直辖市总工会积极推动各地人大制定或修改本地实施修改后的《工会法》办法，截至工会十四大召开前，有19个省、自治区、直辖市完成了地方实施《工会法》办法的修改或制定工作；参与制定《中华人民共和国劳动法》等配套法律法规和有关政策，依法建会、依法维权的法律保障体系初步形成。

各级工会组织努力推动职工代表大会制度等多种形式的企事业单位民主管理制度不断发展。截至2002年9月底，企事业基层工会组织所在单位建立职代会制度的达到 33.1 万家，其中召开了职代会的为 28.9 万个，占 87.3%；实行企业业务招待费使用情况向职代会报告制度的为 23.6 万个，占 71.3%；开展民主评议企事业单位领导干部的为 26.9 万个，占 81.3%；企事业基层工会组织所在单位实行厂务公开的有 30 万个；7 万多家非公有制企业建立了职代会制度，15 个省市制定了非公有制企业民主管理的指导性文件。

突出工会的维护职能

建立社会主义市场经济体制对工会提出了许多新的要求：搞好国有企业特别是国有大中型企业经营机制的转换，直接涉及职工群众的切身利益，工会必须做复杂艰巨的工作；深化改革和扩大开放，使劳动关系由国家与职工的关系逐步转变为企业与职工的关系，并向市场化、契约化的方向发展，国家、企业、职工三者利益关系日益清晰，工会作为职工利益代表者的身份更加明确，工会代表职工调节劳动关系、维护职工合法权益的任务空前突出；发展市场经济要依法规范政府、企业、职工等各方面的行为，强化监督和制约机制，要求工会加大参与立法、制定政策和执法监督的力度，等等。所有这些深刻变化，都要求工会组织必须顺应改革的历史趋势，转变既有的思维方式和工作方法，创新工作思路和方式，实现自身的转型乃至“蜕变”。

随着改革的深化，国有企业的体制改革成为经济体制改革最重要的目标之一。1993 年 11 月 14 日召开的中共十四届三中全会通过了《中共中央关于建立社会主义市场经济体制若干问题的决定》，提出建立适应市场经济要求，产权清晰、权责明确、政企分开、管理科学的现代企业制度。国企改革从过去的放权让利、政策调整进入转换机制、制度创新阶段。

从 1994 年起，国务院和各地先后选择了 2700 多家国有企业进行建立现代企业制度试点，推行公司制、股份制改革。同时，国家还加大了直接关系职工群众工作和生活的价格、住房和社会保障等方面的改革力度，这一系列改革都与职工群众的现实利益和工作生活直接相关。在国有企业向现代企业制度转轨过程中，一些地方出现以“三铁”砸“三铁”的做法，即以铁手腕、铁面孔、铁心肠去砸铁饭碗、铁工资、铁交椅。

针对以“三铁”砸“三铁”的现象，工会组织坚定地坚持党的全心全意依靠工人阶级的根本方针，从理论和实践的结合上，大力宣传和推动依靠方针的贯彻落实，坚定不移地提倡依靠职工办企业。1995 年 10 月召开的全国总工会十二届七次主席团会议和 1995 年 12 月召开的全国总工会十二届三次执委会议从工会角度提出推动不同类型企业贯彻落实党的全心全意依靠工人阶级的根本指导方针，要做到两个“六个必须”。1997 年 8 月，全国总工会在邯郸钢铁公司召开了全心全意依靠工人阶级办好企业现场经验交流会，各地和各产业工会也相继推广了一批这方面的先进典型。

在新的领域里组建工会。在长期计划经济体制下，我国企业只有国有企业和集体企业两种，工会组织在这些企业中有比较健全的组织体系和工作传统。随着经济体制改革和市场经济的发展，外商投资企业、私营企业和乡镇企业大量增加并迅速成长，成为国民经济的重要组成部分。在这些企业中就业的职工群众人数随着企业的快速发展而大量增加，大约占到了全国职工总数的一半。但在这些企业中，维护职工群众切身利益的力量却相当薄弱，不仅工会组织甚少建立，就连在这些企业特别是在乡镇企业中工作的劳动者的职工身份也未能得到明确界定，在这种情况下，职工群众的利益显然很难得到保障。工伤事故、拖欠工资、随意开除和处罚工人等问题时有发生。

针对这种情况，工会顺应客观实际提出新要求，适时调整工作方向，开辟新的领域，在外商投资企业、私营企业和乡镇企业中着力组建工会组织，维护职工群众的切身利益。经过全会上下的努力，到1998年，新建工会15万多家，其中，在外商投资企业组建工会5.3万家，私营企业组建工会2.3万多家，乡镇企业组建工会7.5万家，街道组建工会2.3万多家，职工入会率不断提高。

在国有经济战略性调整与国有企业战略性改组中，由于实行“抓大放小”、主辅分离，部分职工失去工作岗位，下岗职工数量剧增。特别是深化国有企业改革，职工分流和减员增效的举措实施，使得从1993年开始出现一定规模下岗职工。据统计，1993—1997年下岗职工人数以年均40%的速度增长，1997年底达到1151万人。1998年至2000年，全国国有企业共发生下岗职工2137万人，主要集中在老工业基地和经济欠发达地区，包括煤炭、纺织、机械、军工等困难行业。

针对深化企业改革过程中下岗职工数量增加，就业矛盾十分突出的情况，全总和各级工会加大工作力度，以多种形式、多种渠道协助政府做好下岗职工分流安置工作。1996年8月，全总下发《关于工会促进失业职工再就业和企业富余职工分流安置的意见》，要求各级工会贯彻全心全意依靠工人阶级的指导方针，依靠职工群众深化企业改革，提高经济效益，从根本上解决失业职工再就业和富余职工分流安置问题。

各级工会积极工作，加强宏观政策参与，促成再就业政策的出台和贯彻落实；建立再就业培训机构，开展对下岗职工的转业转岗培训，增强下岗职工的再就业竞争能力；兴办职业介绍机构，开展再就业中介服务，通过建立就业信息服务网、兴办大型用工洽谈会、组织劳务输出等多种方式，帮助下岗职工获得再就业岗位；大力发展工会企事业，吸纳部分下岗职工再就业；一些大中城市工会兴办的解困贸易市场，解决了一批下岗职工的临时就业问题；通过宣传教育，引导下岗职工转变就业观念，自强不息，增强就业风险意识和竞争意识。

1998年5月，全国总工会成立了促进再就业工作领导小组，各省、市、区工会也相继成立了领导小组，从上到下

⊙ 工会组织为职工免费提供信息，及时解决再就业问题

形成了有领导、有制度、有目标、有措施、有检查的工作格局。在宏观参与方面，工会坚持以调查研究为基础，加大宏观参与和群众监督的力度，推动了再就业政策的制定和落实。在建立和进入再就业服务中心、“两个确保”等政策的制定上，代表职工群众的意愿提出了许多可行性政策建议，较好地履行了维护职能，如最低生活保障线的建立和落实、建立下岗申报制度、下岗分流方案必须经职代会讨论、规范裁员行为和企业用工行为、保障下岗职工基本生活费的发放、夫妻双方不能同时下岗、保护劳动模范人物的权益问题等。这些建议，被各级政府和有关部门采纳，在政策中得到体现。

各级工会还注意加大群众监督力度，推动政策的落实。省、市工会建立了季度报表制度，随时掌握、检查促进再就业工作的进展、落实情况，并敢于讲真话、报实情，纠正侵犯下岗职工合法权益的行为。许多基层工会在企业制定下岗分流方案时，注意发挥职代会的作用，使这项工作民主决策，公开公正。在措施实施方面，各级工会从实际出发，采取多种形式，拓宽渠道，直接为下岗职工再就业提供有效服务。如继续大力创建工会职业介绍机构和再就业培训机构、兴办工会经济实体、建立再就业基地和解困贸易市场等，受到广大职工的拥护。

1996 年全总协同劳动部等单位向中央反映各地困难职工生活状况及拖欠职工工资、离退休费、医疗费情况，提出对策建议，在总结各地经验的基础上，于 8 月 5 日向国务院报送了《关于建立城市最低生活保障制度的建议》，尽快建立城市最低生活保障制度。建议必须改革传统的职工生活困难补助制度，建立新的救济机制，通过社会救济向处于贫困状态的职工提供适量生活补贴，以保障其基本生活，从而在整个社会保障体系中构筑起一道“最后屏障”。

1997 年 9 月，国务院下发《关于在全国建立城市居民最低生活保障制度的通知》，提出“九五”期间在全国建立城市居民最低生活保障制度，使城市居民的基本生活得到保障，同时分别确定了 1997 年至 1999 年三年的建制目标。此后，城镇居民最低生活保障制度逐步全面实施。截至 1998 年 12 月，全国 668 座城市中的 577 座城市、1693 个县中的 914 个县（政府所在镇）建立的城镇居民最低生活保障制度覆盖面分别为 86.4% 和 54%，全国享受城镇最低生活保障的城镇人数为 232.9 万人。

“送温暖工程”暖人心

1997年9月12日至18日，中国共产党第十五次全国代表大会在北京举行。这次大会是在邓小平逝世后，世界关注中国共产党和中国人民能否沿着他开辟的中国特色社会主义道路继续前进，以及如何跨入21世纪的大背景下召开的，大会的主题是：高举邓小平理论伟大旗帜，把建设有中国特色社会主义事业全面推向21世纪。江泽民代表第十四届中央委员会向大会作《高举邓小平理论伟大旗帜，把建设有中国特色社会主义事业全面推向二十一世纪》的报告。报告对加快推进国有企业改革提出新要求。指出在国有企业改革中，要建设好企业领导班子，发挥企业党组织的政治核心作用，坚持全心全意依靠工人阶级的方针。党和政府要采取积极措施，依靠社会各方面的力量，关心和安排好下岗职工的生活，搞好职业培训，拓宽就业门路，推进再就业工程。广大职工要转变就业观念，提高自身素质，努力适应改革和发展的新要求。报告强调要健全民主制度，扩大基层民主。指出，工会、共青团、妇联等群众团体要在管理国家和社会事务中发挥民主参与和民主监督作用，成为党联系广大人民群众的桥梁和纽带。要坚持和完善以职工代表大会为基本形式的企事业民主管理制度，组织职工参与改革和管理，维护职工合法权益。

在中共十五大召开一年多之后，1998 年 10 月 19 日至 24 日，中国工会第十三次全国代表大会在北京举行。出席大会的代表共 1859 人，其中特邀代表 207 人，代表全国各条战线的 8913 万名工会会员。列席大会人员 24 人，港澳来宾 25 人。这是 20 世纪召开的最后一次全国工会会员代表大会，是中国工运史上承前启后、继往开来的一次盛会。大会的主题是：高举邓小平理论伟大旗帜，团结动员各族职工为实现我国跨世纪宏伟目标而奋斗。党和国家领导人江泽民、李鹏、朱镕基、李瑞环、胡锦涛、尉健行、李岚清等出席大会并会见大会代表。大会由尉健行主持。

中共中央政治局常委、中央书记处书记、国家副主席胡锦涛代表党中央发表了题为《工人阶级要为实现我国跨世纪发展的宏伟目标不懈奋斗》的祝词。祝词充分肯定了工会组织为实现党在不同时期的历史任务，推动中国工人运动发展作出的重要贡献，要求各级工会把自觉接受党的领导与独立自主地开展工作统一起来，把维护全国人民总体利益与维护职工具体利益统一起来，把继承工会工作优良传统与在实践中勇于创新统一起来。强调工会必须全面履行维护、建设、参与、教育等各项社会职能，要针对社会主义市场经济条件下劳动关系出现的新变化，更好地代表和维护职工的具体利益，切实把维护职工合法权益放到突出位置，使工会真正成为“职工之家”。

全国总工会副主席、书记处第一书记张丁华代表全国总工会第十二届执委会作了题为《高举邓小平理论伟大旗帜，团结动员各族职工为实现我国跨世纪宏伟目标而奋斗》的工作报告。报告提出，今后五年工会工作的主要任务是：团结和动员广大职工为深化改革、促进发展、维护稳定，实现“九五”计划和2010年远景目标建功立业；推动建立健全维护职工和工会权益的法律体系、劳动关系协调机制、职工民主参与和民主监督制度；关心职工生活，促进下岗职工再就业，在推动各级政府（行政）保障职工基本生活的基础上，逐步建立职工生活补充保障体系；加强职工队伍建设，努力提高职工的思想道德和科学文化技术素质；大力提高工会组建率和职工入会率，积极稳妥地发展工会企事业，不断推进工会自身改革和建设，积极探索和逐步形成有中国特色社会主义工会工作的新路子。

这次大会还选举产生了中华全国总工会第十三届执行委员会和第十三届经费审查委员会，执委会委员 258 名，经审会委员 41 名。第十三届执委会举行第一次全体会议上，尉健行再次当选为全总主席。张俊九、卢展工、李奇生、刘珩（兼）、张国祥、方嘉德、倪豪梅（女）、尤仁（兼，蒙古族）、王东进（兼）、徐锡澄当选为全总副主席。推选张俊九为书记处第一书记，卢展工、李奇生、张国祥、方嘉德、倪豪梅（女）、徐锡澄、纪明波、周玉清、苏立清、董力为书记处书记，李永安当选为经费审查委员会主任。

中国工会十三大是在世纪之交国内外环境发生复杂变化的情况下召开的一次重要大会。这次大会总结了工会十二大以来的成绩和经验，明确了工人阶级面向 21 世纪的神圣使命，提出了工运事业跨世纪发展的指导方针。这些成果明确了世纪之交中国工人运动和工会工作的正确方向，对于团结动员全国各族职工为实现中国跨世纪宏伟目标而奋斗，把中国工运事业全面推向 21 世纪产生了重大而深远的影响。

工会工作总体思路是在中国工会十二大以后提出的，这个总体思路的实质是突出工会的维护职能。工会十三大进一步强调要坚持和发展工会工作总体思路，并在总体思路的指导下，制定了工会工作指导方针。在阐释这一指导方针时，十三大报告明确指出，贯彻这一方针，必须突出依法维权。明确维护职工合法权益是维护全国人民总体利益与维护职工具体利益的统一，既维护职工的经济利益，又维护职工的政治权利和精神文化利益，并把职工的积极性引导到改革开放上来。这就用“维护职工合法权益”把“两个维护”的理论统一起来，同时也把维护职工的经济、政治和文化权益统一起来。所以工会十三大对工会工作总体思路发展的重要贡献就是将“两个维护”的理论统一起来，明确了工会维护的侧重点和立足点是维护职工的具体利益。只要职工的具体利益是合理合法的，工会就应当全力加以维护。这就增强了工会工作总体思路的针对性和可操作性。

此后，1999 年 10 月，全国总工会召开第十三届三次主席团会议，明确提出要实现工会工作的“五突破一加强”，即：积极协助党政做好国有企业减员增效，下岗职工基本生活保障和再就业工作，深入实施送温暖工程，对帮扶特困职工承担“第一责任人”职责的工作要有新的突破；坚决维护

⊙ 中国工会第十三次全国代表大会在北京召开

职工的经济利益，进一步理顺关系，推行平等协商和集体合同制度的工作要有新的突破；切实保障职工的民主权利，坚持和完善以职工代表大会为基本形式的企业民主管理制度，实行厂务公开和民主评议企业领导人的工作要有新的突破；推动国有独资和国有控股公司的董事会、监事会中都要有职工代表参加的工作要有新的突破；加强新经济组织和改制企业工会组建步伐，最大限度地让职工组织到工会中来的工作取得新的突破。

为贯彻落实和推进“五突破一加强”，1999 年 12 月召开的全总十三届二次执委会议，又进一步提出了“最大限度地把广大职工组织到工会中来，最大限度地维护广大职工的合法权益，最大限度地保护、调动和发挥广大职工的积极性、创造性”的“三个最大限度”的工作要求。2002 年 1 月召开的全总十三届四次执委会议则强调一手抓调整劳动关系机制的建设，一手抓为职工群众办实事工作策略。“五突破一加强”及“三个最大限度”“两手抓”的提出，符合“三个代表”重要思想，回答了在新的历史条件下工会“干什么”和“怎么干”的问题，抓住了工会工作的重点和要点，是对工会工作总体思路的继承和发展，也是对市场经济条件下工会工作规律的再探索，它们的有效开展，更好地保护、调动和发挥了广大职工投身改革和发展的积极性和创造性，在进一步突出履行维护职能的同时，带动了其他各方面工作的开展和创新，提高了工会工作的整体水平。根据国企改革显现出的新情况，工会将加强职工合法权益维护的重点放在职工下岗再就业、解决拖欠工资和安全生产等紧迫问题上。各级工会协助党委、政府积极做好下岗职工基本生活保障和再就业工作，推动并监督“两个确保”（即确保企业下岗职工基本生活和退休人员基本养老金发放）、“三条保障线”（即下岗职工基本生活保障、失业保险制度和城镇居民最低生活保障制度），特别是“低保”政策的落实，以养老、医疗、失业、工伤、生育保险为主要内容的社会保障体系逐步健全；督促企业解决拖欠职工工资问题，落实职工参与工资分配权利；积极倡导和大力开展职工互助合作保险，为职工构筑抵御风险的第二道防线。

针对深化国有企业改革以来出现的大量职工下岗，相当一部分职工群众生活发生困难的情况，从 1992 年元旦、春节开始，全国总工会组织各级工会与党政一道，开展了“进万家门、知万家情、解万家难、暖万家心”的送温暖活动，要求各级工会深入基层、困难地区、灾区和困难职工家庭进行走访慰问。

1994 年 4 月，根据形势发展和职工群众的意愿，又将这项开始仅在元旦、春节期间开展的活动拓展为送温暖工程，要求各级工会从过去送钱、送物拓展到“送岗位、送技能、送培训、送服务、送政策”等更加丰富的内容，普遍建立特困职工档案，建立送温暖工程基金，推广领导干部联系生活困难户制度，开展群众性互助互济活动，开展职业培训和职业介绍工作，帮助困难企业扭亏增盈等，推动这项工作向经常化、制度化、社会化的方向发展，并努力推动其与完善社会保障制度相结合。

从 1994 年开始，工会把送温暖工程与再就业工程紧密结合，协助政府和企业做好国有企业下岗职工基本生活保障和再就业工作，增强职工对改革的承受能力，推动了就业的扩大，促进劳动力资源由市场配置目标的实现。同时注意发挥工会自身优势，通过工会兴办的职业介绍、职业培训机构和再就业基地，大力开展技能培训、创业指导和就业服务，努力促进下岗失业人员和就业困难人群实现失业再就业。

随着形势的发展，各级工会不断创新工作载体，开展了金秋助学活动、农民工工资清欠行动、困难职工高校毕业阳光就业行动、家政服务工程、农民工平安返乡行动等多项活动，在全社会的帮扶济困中发挥着重要作用，得到有关各方的充分肯定。特别是在2009年以后，为应对国际金融危机的冲击和我国转变经济发展方式的需要，工会先后组织开展了千万农民工援助行动、家政服务工程、困难职工家庭高校毕业生阳光就业行动、技能培训促就业行动等活动，推动解决农民工、下岗失业人员和大学毕业生就业难问题。

到1998年工会十三大召开时，各级工会筹集建立的送温暖工程专项资金达22亿元，各级领导干部每年帮助约30万户困难职工家庭解困。各级工会高度重视下岗职工再就业和困难职工基本生活保障问题，全国总工会与有关部委联合颁发《关于加强国有企业下岗职工管理和再就业服务中心建设有关问题的通知》，积极推动各地建立职工最低工资、下岗职工基本生活保障和城市居民最低生活保障制度，逐步完善社会保障体系。

至1998年10月，各级工会开办职业介绍机构800余所，成功介绍50余万人就业；建立职业培训机构1300余所，累计培训职工280万人，其中100多万人实现了重新上岗；

协助政府建立解困贸易市场等，吸纳了大量下岗职工临时就业。此外，全国还建立了 6 万个职工互助保险组织，吸纳了 2000 万名职工参保，保险金达 21 亿元；18 万个基层单位建立了互助储金会，储金总计为 11 亿元；兴办职工消费合作社近 8000 个。

到了 2003 年上半年，各级工会共筹集送温暖资金 129.4 亿元，走访慰问 52.5 万户 (次) 困难企业和 3150 万户 (次) 特困职工、劳动模范、离退休职工以及伤病残职工家庭。帮扶工作取得重要进展，送温暖工程基本实现经常化、制度化、社会化。工会还与政府有关部门一道，努力改善劳模待遇，通过建立劳模补充养老保险、发放荣誉津贴、提高工资待遇、建立帮扶劳模专项基金等多种形式，为劳模解决了大量实际问题。

到工会十四大召开前，全国兴办工会职业介绍机构 4000 多个，累计帮助下岗职工和失业人员实现再就业 300 多万人次，自办职业培训机构 6000 余所，累计培训下岗职工失业人员 320 余万人次；全国兴办的职业劳动福利事业累计安置下岗失业人员 51.9 万人；共动员和组织 80 多万名政府公务员和工会干部，与近百万户低收入家庭或有下岗失业人员的家庭建立了帮困联系，帮助被联系的职工家庭解决就业和生活脱贫问题。职工互助合作保险等职工劳动福利事业不断发展，由工会创办的职工互助合作保险初步形成了企业、市、省、国家四级互为补充、协调发展的局面。工会举办的各种类型的职工互助合作保险组织已有8万多个，全国参加职工互助合作保险的职工人数达到2400余万人，保险资金结存几十亿元，累计有600余万人次获得了待遇给付。职工互助合作保险事业的发展，在整体上提高了广大职工的社会保障水平，缓解了国家法定标准与职工实际需要之间的矛盾。

实践证明，送温暖工程作为一项具有长远意义的促进社会健康的民生工程，有利于让广大职工真正感觉到工会组织的温暖，体现了中国共产党为人民服务的宗旨和中国工会竭诚为职工服务的职责，继承和弘扬了中华民族扶危济困的传统美德和工人阶级团结互助的优良作风，不仅具有经济价值、社会价值，而且具有政治价值、精神价值。习近平总书记要求不断健全送温暖机制，推动工会帮扶工作实现常态化、长效化，叫响这一品牌，更好地把维护职工合法权益落到实处。

第九章

上下求索　砥砺前行

（2002—2012 年）

组织起来、切实维权 ◆◆

进入 21 世纪后，中国共产党第十六次全国代表大会于 2002 年 11 月 8 日至 14 日在北京召开。根据中央规定，出席中国共产党第十六次全国代表大会的代表团增加了中央企业系统代表团和中央金融系统代表团，这是中央企业系统和中央金融系统首次单独组团参加党的全国代表大会。这次大会的主题是：高举邓小平理论伟大旗帜，全面贯彻“三个代表”重要思想，继往开来，与时俱进，全面建设小康社会，加快推进社会主义现代化，为开创中国特色社会主义事业新局面而奋斗。江泽民同志代表第十五届中央委员会向大会作了题为《全面建设小康社会，开创中国特色社会主义事业新局面》的报告。中共十六大提出了全面建设小康社会的奋斗目标，围绕这个目标对经济、政治、文化建设和改革作出全面部署，对于凝聚全党和全国各族人民的力量，加快推进社会主义现代化，具有十分重要的意义。实现全面建设小康社会的历史任务，也是中国工人运动的主题，在各级工会的动员组织下，广大职工在推进全面建设小康社会中充分发挥工人阶级主力军作用，作出了巨大贡献。

2003年9月22日至26日，中国工会第十四次全国代表大会在北京召开。出席大会的正式代表共计1698名，特邀代表253名，列席人员23名，港澳来宾34名，代表全国各条战线的1.34亿名工会会员。党和国家领导人胡锦涛、吴邦国、温家宝、贾庆林、曾庆红、黄菊、吴官正、李长春、罗干等出席大会并在会前与全体代表合影留念。大会的主题是：高举邓小平理论伟大旗帜，以“三个代表”重要思想为指导，认真学习贯彻党的十六大精神，团结动员广大职工，充分发挥工人阶级主力军作用，为全面建设小康社会、加快推进社会主义现代化作出新的贡献，努力开创新世纪新阶段工会工作新局面。

中共中央政治局常委、国家副主席曾庆红代表党中央发表题为《我国工人阶级要在全面建设小康社会的伟大事业中发挥主力军作用》的祝词。祝词指出，工人阶级要在全面建设小康社会中充分发挥主力军的作用，就必须进一步增强主动性，发挥创造性，发展先进性。中国工会在新世纪、新阶段，必须准确把握自己的定位，做到围绕中心、服务大局，全面履行各项社会职能，突出维护职工合法权益的职能。推动工会工作的群众化、坚持重心下移，切实转变作风，贴近职工群众，积极为职工群众说话办事，使工会组织真正成为“职工之家”。推动工会工作的民主化，坚持民主集中制，建立健全各项民主制度，坚持依靠职工群众，在各项工作中充分体现广大工会会员的意愿。推动工会工作的法制化，根据依法治国的要求，积极参与涉及职工和工会权益的立法和政策制定，以坚持依法维权。

中共中央政治局委员、全国总工会主席王兆国代表全总第十三届执委会作了题为《以“三个代表”重要思想为指导，团结动员广大职工在全面建设小康社会中充分发挥工人阶级的主力军作用》的工作报告。报告在总结工会十三大以来的成绩和经验基础上，提出以“三个代表”重要思想统领工会工作全局，充分认识新世纪、新阶段工人阶级和工会组织的重要地位与作用，进一步增强做好工会工作的使命感和责任感；紧紧围绕发展党执政兴国的第一要务，团结动员广大职工积极投身改革开放和现代化建设；着眼于维护职工群众的合法权益和巩固发展安定团结的社会政治局面，建立稳定协调的劳动关系；最大限度地把广大职工组织到工会中来，不断增强党的阶级基础和扩大党的群众基础；坚持解放思想、实事求是、与时俱进，积极推进中国工会的理论创新、体制创新和工作创新。提出今后五年工会工作的目标任务：努力提高职工队伍素质，团结动员广大职工为全面建设小康社会建功立业；切实履行基本职责，在改革、发展、参与、帮扶的过程中维护好职工合法权益；大力弘扬劳模精神，促进全社会形成“尊重劳动、尊重知识、尊重人才、尊重创造”的良好氛围；加快工会组建步伐，充分发挥基层工会组织的作用；以改革精神加强工会自身建设，进一步提高整体工作水平。在国际事务中，要继续奉行“独立自主、广泛联系”的方针，大力开展交流与合作，积极参加国际劳工组织等多边国际活动，努力增进与各国工人和人民之间的了解与友谊，不断扩大中国工会的国际影响。

这次大会选举产生了中华全国总工会第十四届执行委员会和第十四届经费审查委员会，执委会委员 267 名，经审会委员 40 名。根据中国工会十四大新修订的《中国工会章程》规定，“主席团闭会期间，由主席、副主席组成的主席会议行使主席团职权，主席会议由中华全国总工会主席召集并主持”。9 月 25 日，中华全国总工会第十四届执行委员会举行第一次全体会议，通过无记名投票，推选王兆国同志担任中华全国总工会主席，推选张俊九、孙宝树、周玉清、王东进（兼）、苏立清、张榕明（兼，女）、王瑞祥（兼）、徐振寰、陈秀榕（兼，女）、徐德明（满族）、黄彦蓉（女）等 11 人为全总副主席，并选举出第十四届执委会主席团成员。随后举行的全总第十四届执委会主席团第一次会议，推选出 10 人组成全总书记处，主持和处理全总日常工作，其中张俊九为第一书记，孙宝树、周玉清、苏立清、徐振寰、徐德明（满族）、黄彦蓉（女）、张鸣起、张秋俭（女）、陈荣书为书记处书记。

中国工会十四大是在新世纪召开的第一次代表大会，也是在国家开始全面建设小康社会的新形势下召开的一次重要会议，是全国亿万职工和广大工会干部政治生活中的一件大

⊙ 2004 年 10 月，全国工会“组织起来、切实维权”调研工作汇报会议在北京召开

事。大会对于团结动员全国工人阶级在全面建设小康社会、加快推进社会主义现代化的历史进程中充分发挥主力军作用，开创新世纪、新阶段工会工作的新局面，具有重大而深远的意义。

2003年12月全总十四届三次主席团（扩大）会议召开，在深入调查和反复研究的基础上，时任中共中央政治局委员、全国人大常委会副委员长、全国总工会主席王兆国首次提出了“组织起来、切实维权”的工会工作重点。2004年12月，全总十四届二次执委会议明确提出“组织起来、切实维权”的工作方针。这一工作方针揭示了社会主义市场经济条件下工会工作的特点和规律，为新形势下“建设什么样的工会、怎样建设工会”明确了重点，为找准和把握工会在建立和谐稳定劳动关系中的定位提出了要求。

在2005年9月召开的全国工会维权机制建设经验交流会上，王兆国明确提出，工会必须深入研究目前劳动关系的基本特征和发展趋势，及时提出应对的思路和具体的措施。其中的关键，是要适应劳动关系市场化、多样化、复杂化的特点，加大协调劳动关系的力度，不断强化职能，探索和完善在工会组织领导下的维权机制，依照法律法规更好地协调利益关系、及时化解矛盾，为职工排忧解难。要通过制度和机制建设，把协调劳动关系的成功实践和成熟经验巩固下来、规范起来、推广开来，推动建立规范有序、公正合理、互利共赢、和谐稳定的社会主义新型劳动关系。2005 年 12 月，全总十四届三次执委会议进一步提出“切实维护职工合法权益是协调劳动关系和社会利益、推动构建社会主义和谐社会的必然途径”，把工会维护职工合法权益的职能放在了更加突出的位置，把推动建立和谐劳动关系作为工会维权的一个重要目标。

2006 年 12 月 8 日，王兆国在全总十四届十一次主席团（扩大）会议上提出“以职工为本，主动依法科学维权”的中国特色社会主义工会维权观。在 12 月 9 日召开的全总十四届四次执委会议上，王兆国又强调各级工会组织要进一步树立中国特色社会主义工会维权观，加大维权工作力度，围绕劳动关系建立、运行、监督和调处各个环节，不断完善利益协调机制、诉求表达机制、矛盾调处机制、权益保障机制，切实维护好广大职工群众的各项合法权益。

在 2008 年 10 月中国工会十五大上，王兆国对 2004 年全总十四届二次执委会确定的“组织起来、切实维权”工作方针对未来工作的指导进行了进一步论述，强调紧紧围绕职工最关心最直接最现实的利益问题，发展和谐劳动关系，促进实现体面劳动，维护职工合法权益，这是工会的神圣职责。

2010 年 2 月，王兆国在全总十五届三次执委会议上的讲话中指出，维护职工权益是工会赢得职工群众信赖、在大局中发挥作用的重要前提。2010 年 7 月，在全总十五届四次执委会议上，王兆国提出要深刻领会党中央关于维护职工合法权益和职工队伍稳定的重要指示精神，即保障工人阶级和广大劳动群众经济、政治、文化、社会权益是我国社会主义制度的根本要求，是党和国家的神圣职责，也是发挥我国广大劳动者、建设者积极性、主动性、创造性最重要、最基础的工作。2012 年 1 月，王兆国在全总十五届六次执委会议上的讲话中，就坚持维护职工合法权益的问题，指出要贯彻落实“组织起来、切实维权”的工作方针，牢固树立“以职工为本，主动依法科学维权”的工会维权观，坚持“促进企业发展、维护职工权益”的企业工会工作原则，推动健全党政主导的职工群众权益维护机制，全面维护职工的经济、政治、文化、社会权益，推动实现体面劳动。

在解决“维权什么、怎样维权”的问题上，中国工会在“组织起来、切实维权”的基础上，确立了中国特色社会主义维权观，其内涵是“以职工为本，主动依法科学维权”，它是以人为本的科学发展观在工会工作中的具体体现，是坚持走中国特色社会主义工会发展道路的重要内容。有什么样的维权观，就有什么样的维权模式和维权战略。中国特色社会主义工会维权观，坚持维护全国人民总体利益与维护职工群众具体利益相统一的维权原则；坚持竭诚为职工群众服务的维权宗旨；坚持和谐发展、互利共赢的维权理念；坚持统筹兼顾、突出重点的维权方法；坚持党政主导、工会运作的维权格局。这五个坚持，构成了中国特色社会主义维权观的基本特征。

中国特色社会主义工会维权观，在企业层面上的具体要求，就是坚持“促进企业发展、维护职工权益”的企业工会工作原则。在社会主义市场经济条件下，企业劳动关系双方的矛盾是对立统一的关系。促进企业发展是维护职工权益的根本保证；维护职工权益是促进企业发展的重要基础。企业工会工作的特点，就是通过平等协商、组织职工民主管理、引导职工提高自身素质、开展职工经济技术活动、督促企业履行社会责任等形式，促进企业和谐发展，维护职工合法权益。

构建和谐劳动关系 ◆◆

2005 年 3 月 31 日，王兆国在全总机关保持共产党员先进性教育活动报告会上的讲话中，强调从事工会工作的党员干部，要紧紧围绕事业发展和现实工作，坚持走中国特色社会主义工会发展道路。4 月 25 日，在庆祝中华全国总工会成立 80 周年大会上，王兆国提出工会组织要坚定不移地走适应时代要求、符合中国国情、体现工会工作规律的中国特色社会主义工会发展道路。7 月 4 日，全总十四届六次主席团会议通过的《关于坚持走中国特色社会主义工会发展道路的决议》，将中国特色社会主义工会发展道路的基本内涵概括为指导思想、政治保证、根本任务、职能作用、组织体制、对外交往、内在动力等 7 个方面的基本内容，即坚持以邓小平理论和“三个代表”重要思想为指导，坚持自觉接受中国共产党对工会的领导，坚持服从服务于党和国家工作大局，坚持切实表达和维护职工群众的合法权益，坚持工人阶级队伍和工会组织的团结统一，坚持独立自主地开展工会对外交往，坚持推进工会的理论创新、体制创新和工作创新。中国特色社会主义工会发展道路的最终形成是在2012年1月8日全总十五届六次执委会议通过的《关于学习宣传实践中国特色社会主义工会发展道路的决议》中确定的，决议指出中国特色社会主义工会发展道路顺应时代潮流，符合中国国情，体现工会性质，科学回答了“走什么样的工会发展道路、建设什么样的工会”这一重大时代课题。决议对中国特色社会主义工会发展道路作了进一步阐述，可以概括为“八个坚持”：坚持自觉接受党的领导；坚持中国工会的社会主义性质；坚持发展工人阶级先进性；坚持构建和谐劳动关系；坚持维护职工群众合法权益；坚持完善社会主义劳动法律体系；坚持推动形成国际工运新秩序；坚持以改革创新精神加强自身建设。这八个方面相互联系、有机结合，构成中国特色社会主义工会发展道路的完整体系，是一个不可分割的整体，其核心是坚持自觉接受党的领导，根本是坚持中国工会的社会主义性质，关键是坚持维护职工群众合法权益。

2008年10月17日至21日，中国工会第十五次全国代表大会在北京举行。参加大会的有全国31个省、自治区、直辖市总工会和全国铁路、民航、金融工会以及中直机关、中央国家机关工会联合会组成的36个代表团。其中有正式代表1800名，特邀代表289名，列席人员21名，港澳来宾29名，代表了全国2亿多名工会会员。在正式代表中有农民工代表47名，这是改革开放以来在中国工会代表大会上第一次出现农民工代表，体现了工会在新的时代背景下对农民工工作的重视和要求。

党和国家领导人胡锦涛、吴邦国、温家宝、贾庆林、李长春、习近平、李克强、贺国强等出席大会。这次大会的主题是：“全面贯彻党的十七大精神，高举中国特色社会主义伟大旗帜，以邓小平理论和‘三个代表’重要思想为指导，深入贯彻落实科学发展观，坚定不移地走中国特色社会主义工会发展道路，努力建设中国特色社会主义工会，务实创新、开拓进取，团结动员全国亿万职工为夺取全面建设小康社会新胜利而奋斗。”这是中国工会在新的历史起点上召开的一次重要会议。会议围绕“建设什么样的工会、怎样建设工会”这一重大时代课题，认真学习贯彻中共十七大精神，高举中国特色社会主义伟大旗帜，明确了今后五年工会发展的方向和任务。

中共中央政治局常委、中央书记处书记、国家副主席习近平受中共中央委托，在中国工会十五大上发表了题为《在夺取全面建设小康社会新胜利中发挥工人阶级主力军作用》的祝词。祝词指出：中国工会在长期探索实践中形成的中国特色社会主义工会发展道路，是中国特色社会主义道路的重要组成部分。在新的历史起点上，全国各级工会要坚持中国特色社会主义理论体系，坚定不移地走中国特色社会主义道路，始终做到与时代发展同步伐、与改革开放共命运，与党和职工群众心连心，使中国特色社会主义工会发展道路越走越宽广。

中共中央政治局委员、全国总工会主席王兆国作了题为《高举中国特色社会主义伟大旗帜，团结动员亿万职工为夺取全面建设小康社会新胜利而奋斗》的报告。报告总结了工会十四大以来的成绩和经验，提出了今后五年工会工作的目标任务：推动科学发展，以创建“工人先锋号”为载体，广泛开展职工建功立业活动，大力实施职工素质建设工程，更加充分地发挥工人阶级主力军作用；促进社会和谐，以创建劳动关系和谐企业为手段，大力发展和谐劳动关系，维护职工队伍和社会稳定；推动共建共享，以劳动就业、收入分配、社会保障和劳动安全卫生为重点，健全完善维权机制，不断增强维权实效；加强民主管理和基层民主建设，以职代会为基本制度，扩大有序参与，维护职工民主政治权利；激发组织活力，以加强基层工会建设为着力点，提高领导机关服务基层、服务职工的水平，增强工会组织吸引力、凝聚力。报告指出，各级工会要紧紧围绕目标任务，全面布局、突出重点，深化调研、创新体制，研究新情况，总结新经验，解决新问题，努力开创中国工会事业的新局面。同时报告强调：工会发展必须以中国特色社会主义理论体系为指导，深入贯彻落实科学发展观。

中国工会十五大选举产生了中华全国总工会第十五届执行委员会和第十五届经费审查委员会，执委会委员276名，经审会委员40名。选举产生了中华全国总工会新一届领导机构，王兆国当选为中华全国总工会主席。孙春兰（女）、乔传秀（女）、徐振寰、马培华（兼）、孙宝树（兼）、陈秀榕（兼，女）、黄丹华（兼，女）、张鸣起、倪健民、王炯、陈荣书、尔肯江·吐拉洪（兼，维吾尔族）等12位同志当选为新一届中华全国总工会副主席。全总十五届一次主席团会议推选全总十五届书记处书记，孙春兰当选为第一书记，乔传秀（女）、徐振寰、张鸣起、倪健民、王炯、陈荣书、王瑞生、李世明、喻红秋（女）当选为书记处书记。全总十五届一次经审会议选举张世平（女）为经审委主任。

中国工会十五大既是对过去五年工会工作的检阅和总结，也是对未来工会工作的重要规划和指导。大会取得的成就，鼓舞着中国工人阶级和工会为夺取全面建设小康社会新胜利，实现中华民族的伟大复兴而奋斗。

在深化对劳动关系性质和特征认识的基础上，中国工会提出了构建和谐劳动关系的理念。建立规范有序、公正合理、互利共赢、和谐稳定的社会主义新型劳动关系，是构建社会主义和谐社会的重要内容和基础。要求工会把维护职工合法权益放在更加突出的位置，通过参与协调劳动关系和社会利益关系，着力解决涉及职工群众切身利益的矛盾和问题，在协调的基础上促进劳动关系的和谐，防止激化矛盾，使劳动关系双方达成和谐的统一，使广大职工的利益得到更好实现和保障，推动形成全体人民各尽其能、各得其所而又和谐相处的社会。

早在 2005 年 9 月 15 日，王兆国在浙江义乌召开的全国工会维权机制建设经验交流会议的讲话中，第一次提出了社会主义新型劳动关系的内涵，指出要通过制度和机制建设，把协调劳动关系的成功实践和成熟经验巩固下来、规范起来、推广开来，推动建立规范有序、公正合理、互利共赢、和谐稳定的社会主义新型劳动关系。

2005 年 12 月 10 日，王兆国在全总十四届七次主席团（扩大）会议上，对社会主义初级阶段的劳动关系性质进行了阐述："我们国家实行的是公有制为主体，多种所有制经济共同发展的基本经济制度，全国人民的总体利益从根本上讲是一致的，劳动者和建设者、生产者和经营者之间的根本利益也是一致的，这就决定了我国的劳动关系与资本主义国家有着本质的不同。在社会主义市场经济条件下，劳动关系双方是利益的对立统一体，相互之间虽然存在利益差异，但可以通过协调达到利益的一致。"并提出工会要"着眼于劳动关系的建立、运行、监督、调处等环节，紧紧抓住劳动合同、集体合同和职代会三个关键，突出解决劳动就业、收入分配、社会保障、劳动安全卫生等问题，推动建立规范有序、公正合理、互利共赢、和谐稳定的社会主义新型劳动关系"。

2006 年 5 月 10 日，王兆国在全国工会领导干部高级研讨班上讲话时指出："要准确把握不同性质社会、不同历史时期劳动关系的区别，深入研究社会主义新型劳动关系的基本特征。劳动关系是最基本的社会关系，劳动关系的性质是社会性质的重要体现。建立规范有序、公正合理、互利共赢、和谐稳定的中国特色社会主义新型劳动关系，是工会推动社会主义和谐社会建设的重要切入点，也是坚持走中国特色社会主义工会发展道路的必然要求。我们必须站在全局和战略的高度，充分认识建立中国特色社会主义新型劳动关系的重大现实意义和深远历史意义，并作为工会理论研究的重点课题深入进行研究。”

2011 年 1 月 17 日，全总十五届八次主席团会议上，王兆国发表了《大力发展社会主义和谐劳动关系，推动科学发展、促进社会和谐》的重要讲话。他在讲话中分析了我国劳动关系现状，强调既要看到当前我国劳动关系总体稳定这个主流，对保持劳动关系和谐充满信心，又要看到存在的突出问题，增强构建和谐劳动关系的责任感和紧迫感。他指出发展和谐劳动关系需要把握的原则：“我国是社会主义国家，工人阶级是国家的领导阶级，劳动者和建设者都是国家的主人，尽管具体利益有差异，但根本利益是一致的，劳动关系矛盾在我国属于人民内部矛盾，不具有根本的对抗性。我们已经建立了比较完善的调整劳动关系的法律法规和制度体

⊙ 2011 年 8 月 15 日，全国构建和谐劳动关系先进表彰暨经验交流会在北京召开

系，应当也完全可以通过协商、协调、沟通的办法来解决劳动关系矛盾，这既是我们党和国家性质所决定的，也是中国工会的职责和优势。”

2011 年 8 月 15 日至 16 日，全国构建和谐劳动关系先进表彰暨经验交流会在北京举行。时任中共中央政治局常委、中央书记处书记、国家副主席习近平出席会议并讲话。

习近平指出，构建和谐劳动关系，是建设社会主义和谐社会的重要基础，是增强党的执政基础、巩固党的执政地位的必然要求，是坚持中国特色社会主义道路、贯彻中国特色社会主义理论体系、完善中国特色社会主义制度的重要组成部分，其经济、政治、社会意义十分重大而深远。各级党委和政府要进一步提高认识、强化责任，把构建和谐劳动关系作为一项重要而紧迫的政治任务抓实抓好。

习近平指出，劳动关系是生产关系的重要组成部分，是最基本、最重要的社会关系之一。党和国家对劳动关系问题历来高度重视，近些年来各级党委和政府把构建和谐劳动关系摆到更加突出的位置，加大工作力度，取得积极成效。当前，我国劳动关系总体和谐稳定。同时随着工业化、信息化、城镇化、市场化、国际化的深入发展，我国劳动关系领域也出现一些新情况、新问题，务必高度重视，采取有力措施引导劳动关系朝着规范有序、公正合理、互利共赢、和谐稳定的方向健康发展。

习近平强调，构建和谐劳动关系，要坚持以人为本，把解决广大职工最关心最直接最现实的利益问题，切实维护他们的经济权益、政治权益、文化权益、社会权益，作为根本出发点和落脚点；要坚持促进企业发展和维护职工权益相统一，同时调动劳动关系主体双方的积极性、主动性，推动企业与职工群众协商共事、机制共建、效益共创、利益共享；要从不同类型企业的实际出发，把构建和谐劳动关系必须遵循的总的共同要求与具体的具有差异性的措施结合起来，统筹兼顾、分类指导，既整体推进，又突出重点、突破难点。当前和今后一个时期，要着重抓好进一步完善劳动法律法规并保障其实施、合理调节企业工资收入分配、加强企业民主管理建设、努力化解劳动关系矛盾、加强企业党组织建设、支持和促进企业健康发展等工作，以构建和谐劳动关系的新进步更好地推动科学发展、促进社会和谐。

习近平指出，经过这些年的探索和实践，构建和谐劳动关系工作已初步形成党委领导、政府负责、社会协同、企业和职工参与的工作格局，要在坚持中进一步明确各方职责，使党政力量、群团力量、企业力量、社会力量紧密结合和统一起来，共同推进构建和谐劳动关系。各级党委宣传部门和新闻媒体要把构建和谐劳动关系作为宣传报道的经常性任务，坚持正确舆论导向，引导和促使各类媒体共同营造构建和谐劳动关系的良好舆论氛围。要继续大力推进和谐劳动关系创建活动，丰富创建内容，规范创建标准，改进创建评价，完善激励措施，不断把创建活动取得的成果转化为构建和谐劳动关系的长效机制。

2015 年 4 月 8 日，中共中央、国务院发布《关于构建和谐劳动关系的意见》，指出构建和谐劳动关系的目标任务是：加强调整劳动关系的法律、体制、制度、机制和能力建设，加快健全党委领导、政府负责、社会协同、企业和职工参与、法治保障的工作体制，加快形成源头治理、动态管理、应急处置相结合的工作机制，实现劳动用工更加规范，职工工资合理增长，劳动条件不断改善，职工安全健康得到切实保障，社会保险全面覆盖，人文关怀日益加强，有效预防和化解劳动关系矛盾，建立规范有序、公正合理、互利共赢、和谐稳定的劳动关系。

扩大覆盖面，增强凝聚力 ◆◆

随着经济体制改革和市场经济的发展，外商投资企业、私营企业和乡镇企业大量增加，但在这些企业中，维护职工群众切身利益的力量却相当薄弱，不仅工会组织甚少建立，就连在这些企业特别是在乡镇企业中工作的劳动者的职工身份也未能得到明确界定，在这种情况下，职工群众的利益显然很难得到保障。工伤事故、拖欠工资、随意开除和处罚工人等问题时有发生。针对这种情况，工会顺应客观实际提出的新要求，适时调整工作方向，开辟新的领域，在外商投资企业、私营企业和乡镇企业中着力组建工会组织，维护职工群众的切身利益。面对职工队伍迅速发展壮大、流动性显著增强、企业用工方式复杂多变的状况，2003 年 12 月，全国总工会十四届三次主席团（扩大）会议提出了 2004 年工作的重点：加强工会基层建设、发挥基层工会作用；关心职工生产生活、维护职工切身利益。各级工会按照“扩大覆盖面、增强凝聚力”的要求，贯彻“组织起来、切实维权”的工会工作方针，着力加强工会基层组织建设，积极推进基层工作创新。全国总工会制定了关于组建工会和发展会员工作的考核奖励办法，积极转变建会方式，把自上而下推动建会与自下而上指导职工自觉建会统一起来，建立完善了建会工作目标分解责任、定期通报、跟踪督查、考核激励、建会筹备金等长效机制；探索出区域性、行业性基层工会，市场工会，项目工会，楼宇工会等多种组织形式，大力加强基层工会规范化建设，切实增强工会的吸引力和凝聚力。

截至 2008 年 6 月，全国工会基层组织数 170.2 万个，覆盖单位 355.6 万个；按 2004 年经济普查法人单位数计算，外企（含港澳台）、私企建会率分别为 81.4%、75.8%；全国工会会员总数 20867.5 万人，其中，农民工会员人数 6674.6 万人，全国职工入会率为 77.2%。与 2003 年相比，全国会员净增 8527 万人，连续 4 年平均净增 1600 万人。这其中，突破沃尔玛建会，在国内外产生了重大影响。通过健全“小三级”组织网络，使工会的组织基础更加牢固。全国总工会先后制定了《关于进一步加强基层工会工作决定》和《企业工会工作条例》，各地工会制定贯彻《条例》的实施意见，广泛开展“基层组织建设年”等活动，基层工会活力不断增强。壮大工会工作者队伍，工会的组织功能得到强化，全国

⊙ 沃尔玛深国投百货有限公司济南泉城路分店工会成立暨第一次会员大会

有两万余名职业化工会工作者活跃在工会基层组织建设第一线。

探索完善基层工会主席产生和保护机制，充分发挥基层工会主席的积极性。全国总工会制定了《企业工会主席产生办法（试行）》，进一步规范企业工会主席产生机制，推进基层工会干部队伍的社会化、职业化。建立基层工会干部权益保护机制，努力为基层工会干部解决后顾之忧。出台了《企业工会主席合法权益保护暂行办法》，规定了保护内容与措施、保护机制与责任等，并设立了100万元的工会干部权益保障金。

根据劳动关系领域发生的新情况、新问题，为贯彻党中央关于工会工作要“扩大覆盖面、增强凝聚力”的要求，进一步落实“组织起来、切实维权”的工会工作方针，贯彻“坚持以职工为本，主动依法科学维权”工会维权观，中国工会又与时俱进地提出了“两个普遍”的工作要求和阶段性目标。2010年7月，全国总工会十五届六次主席团会议提出了“要依法推动企业普遍建立工会组织，推动企业普遍开展工资集体协商”的“两个普遍”要求。2010年7月25日至26日，全国总工会召开十五届四次执委会议。时任中共中央政治局委员、全国人大常委会副委员长、全国总工会主席王兆国在会上代表党中央发表重要讲话，提出了“两个普遍”重点工作目标，即依法推动企业普遍建立工会组织，依法推动企业普遍开展工资集体协商。2011 年，全国总工会制定《2011—2013 年推动企业普遍建立工会组织工作规划》和《2011—2013 年深入推进工资集体协商工作规划》，明确工会组建和工资集体协商的指导思想、目标任务、工作重点、主要措施、组织保障和工作要求。全国各级工会认真贯彻两个三年规划，集中开展建会行动和工资集体协商建制行动，经过努力，超额完成规划的目标任务，工会组织数、会员数和工资集体协商建制率都得到大幅提高。重点做好非公有制企业、在华外资企业和小微企业工会组建工作，大力发展服务业职工、农民工、劳务派遣工等群体入会。

“两个普遍”是对中国特色社会主义工会维权观的继承、深化和发展，是工会适应形势，立足劳动关系发展变化实际，推动工会工作改革创新，切实解决工会面临的现实问题而提出的一项根本性举措，是对在社会主义市场经济条件下“怎样最大限度把职工组织起来，怎样更好地发挥工会作用”的科学回答和重大突破，具有很强的理论性、指导性和针对性。依法推动企业普遍建立工会组织，是工会的基础性工作，是“组织起来”的集中体现，也是工会发挥作用的前提；依法推动企业普遍开展工资集体协商，是工会“切实维权”的着力点和切入点。这种理论的发展和深化脉络，标志着中国特色社会主义工会维权观的理论体系进一步健全和完善，对维权的方式方法、重点内容的指向性愈加明确和具体，为各级工会更好地履行维权的基本职责提供了理论指导。

“两个普遍”的提出是对新时期工会组织职责作用的进一步明确和具体化。《中华人民共和国工会法》和《中国工会章程》都申明，工会的基本职责是依法维护职工的合法权益。改革开放以来，特别是在建立社会主义市场经济体制的过程中，中国工会代表职工的利益，履行社会职能，突出维护职能，始终把依法维护职工的合法权益作为一切工作的出发点和落脚点，探索创新维护职工合法权益的方法和途径，形成了一套成熟的方式方法。但是在这些方式方法中，相互之间的关系比较复杂，难以区分主次。“两个普遍”的提出，明确回答了工会工作的重点。劳动关系问题的核心是经济问题，对职工来说，经济问题的核心就是工资问题。将“普遍建立工会组织”和“普遍开展工资集体协商”相提并论，说明普遍建立工会组织是基础，而普遍开展工资集体协商是普遍建立工会组织的主要目的之一，也是工会维权工作的核心内容。

积极创新基层工会组织形式。贯彻落实《关于建立小企业工会联合会的意见》，积极推动乡镇（街道）工会—村（居）工会—企业工会“小三级”组织网络建设，大力推进区域性、行业性基层工会联合会建设，涌现出市场工会、项目工会、楼宇工会、农业产业链工会等新的基层工会组织形式，基层工会组织体系更加完善。截至 2012 年底，全国共建立乡镇（街道）工会 40502 家，其中，乡镇（街道）总工会 13489 个，乡镇（街道）工会联合会 10162 个。全国已建立基层工会联合会 12.1 万个，覆盖小微企业 287.2 万个，选聘社会化工会工作者 3 万人。世界 500 强在华企业建会 3053 家，建会率为 91.9%。

1993 年全国农民工流动总量约为 2000 万人，1994 年上升为 2500 万人，1995 年为 3000 万人，每年几乎以 500 万人的幅度递增，到 2014 年达到了 2.69 亿人。农民工进城务工不仅缓解了农村人地关系紧张的矛盾，也推动了城市的现

⊙ 由中国工人出版社出版的“农民工有困难找工会”丛书荣获首届中国政府出版奖提名奖

代化建设进程，为中国的小康社会建设作出了不可磨灭的贡献，长期以来他们中的许多人却游离于工会组织之外。

中国工会十四大提出了“农民工是工人阶级的新成员”，明确农民工是工会工作的重要对象。工会积极参与国务院《关于解决农民工问题的若干意见》的制定，推动政府制定有关改善农民工生产生活条件的政策法规。全总出台了《关于推进维护农民工合法权益十项工作机制建设的意见》等文件，建立了维护农民工合法权益的工作机制，努力叫响“农民工有困难找工会”的口号。各级工会积极开展向农民工送温暖活动，在帮扶中心设立农民工接待服务窗口，并将送温暖活动与清理工资拖欠紧密结合起来，连续多年与有关部门联合开展农民工工资支付专项检查。

自 2004 年起，会同人社部等联合开展农民工工资支付专项检查。2005 年以来，金秋助学活动中一共资助 132.36 万名农民工子女上学。2009 年，工会开展“千万农民工援助行动”“家政服务工程”和“技能培训促就业行动”等，对国际金融危机冲击造成大量失业返乡农民工开展创业指导和就业服务。自 2007 年“春运”起，全总联合铁道部和交通部开始实施“农民工平安返乡行动”。

第十章

牢记使命　开创新局

（2012 年至今）

实现中国梦是工人运动的时代主题

2012 年 11 月 8 日至 14 日，中国共产党第十八次全国代表大会在北京举行。这次大会是在全面建设小康社会关键时期和深化改革开放、加快转变经济发展方式攻坚时期召开的一次十分重要的大会。胡锦涛代表第十七届中央委员会向大会作了题为《坚定不移沿着中国特色社会主义道路前进，为全面建成小康社会而奋斗》的报告。报告提出了全面建成小康社会和全面深化改革开放的目标。提出必须坚持人民主体地位，最广泛地动员和组织人民依法管理国家事务和社会事务、管理经济和文化事业、积极投身社会主义现代化建设，更好保障人民权益，更好保证人民当家作主。报告强调，要支持和保证人民通过人民代表大会行使国家权利。要提高基层人大代表特别是一线工人、农民、知识分子代表比例，降低党政领导干部代表比例。要完善基层民主制度，全心全意依靠工人阶级，健全以职工代表大会为基本形式的企事业单位民主管理制度，保障职工参与管理和监督的民主权利。党要支持工会、共青团、妇联等人民团体充分发挥桥梁纽带作用，更好反映群众的呼声，维护群众合法权益。要完善党的代表大会制度，提高工人、农民代表比例提高发展党员质量，重视从青年工人、农民、知识分子中发展党员。

在大会闭幕后召开的十八届一中全会上，选举产生了新一届中央领导机构，习近平同志当选为中央委员会总书记。

中共十八大在历史发展的关键时刻，集中全党全国各族人民的智慧，为党和国家事业的发展包括工人运动和工会运动的发展指明了前进方向，使之翻开新的一页。它对于党团结带领工人阶级和全国各族人民继续努力，全面建成小康社会，加快推进社会主义现代化，开创中国特色社会主义事业包括工运事业新局面，产生了重大而深远的影响。

2012 年 11 月 29 日，也就是中共十八大刚刚闭幕不久后，习近平总书记率中央政治局常委和中央书记处的同志来到国家博物馆，参观《复兴之路》展览。习近平总书记指出："现在，大家都在讨论中国梦，我以为，实现中华民族伟大复兴，就是中华民族近代以来最伟大的梦想。这个梦想，凝聚了几代中国人的夙愿，体现了中华民族和中国人民的整体利益，是每一个中华儿女的共同期盼。"中华民族伟大复兴的中国梦一经提出，就释放出强大的号召力和感染力。2013 年召开的中国工会十六大旗帜鲜明地提出了实现中国梦是中国工人运动的时代主题。

2013 年 4 月 28 日，在"五一"国际劳动节来临前夕，习近平总书记来到全国总工会机关，与全国劳动模范代表座谈，这是共和国建政以来党和国家最高领导人首次亲临全总机关考察指导工作。在听取了劳动模范代表的发言后，习近平发表了重要讲话。他指出，长期以来，广大劳模以高度的主人翁责任感、卓越的劳动创造、忘我的拼搏奉献，谱写出一曲曲可歌可泣的动人赞歌，铸就了"爱岗敬业、争创一流，艰苦奋斗、勇于创新，淡泊名利、甘于奉献"的劳模精神，为全国各族人民树立了光辉的学习榜样。习近平总书记的重要讲话极大地激发和调动我国工人阶级在实现中国梦进程中的积极性、主动性和创造性，鼓舞全国广大工会干部以更加饱满的热情投身工会工作，尽心竭力服务职工群众。

中国工会第十六次全国代表大会于 2013 年 10 月 18 日至 22 日在北京人民大会堂开幕。这是动员各级工会和亿万各族职工为全面建成小康社会、实现中华民族伟大复兴的中国梦而奋斗的一次重要会议。出席这次大会的正式代表 1980 名，特邀代表 93 名，列席人员 10 名，港澳来宾 40 名，代表了全国 2.8 亿名工会会员。大会的主题是：高举中国特色社会主义伟大旗帜，以邓小平理论、“三个代表”重要思想、科学发展观为指导，深入贯彻党的十八大精神和习近平总书记系列重要讲话精神，坚定不移走中国特色社会主义工会发展道路，坚定信念、改革创新、埋头苦干，团结动员亿万职工在全面建成小康社会、实现中华民族伟大复兴的中国梦的历史进程中充分发挥工人阶级主力军作用。大会把科学发展观确立为工会工作的指导思想之一，具有十分重要的意义。

党和国家领导人习近平、李克强、张德江、俞正声、刘云山、王岐山、张高丽等出席大会。中央政治局常委、中央书记处书记刘云山代表党中央发表题为《在为实现中国梦不懈奋斗中铸就工人阶级新辉煌》的祝词。祝词深刻分析了我国工人阶级和工会组织面临的新形势，强调实现党的十八大描绘的宏伟蓝图，实现中华民族伟大复兴的中国梦，必将造福工人阶级，也必须紧紧依靠工人阶级。我国工人阶级要进一步增强责任感、使命感，大力弘扬主人翁精神，充分发挥主力军作用，为实现中国梦而不懈奋斗。具体讲就是要始终做坚持中国道路的柱石、弘扬中国精神的楷模、凝聚中国力量的中坚，做全面深化改革的推动者、参与者。祝词强调了工会组织在组织职工、引导职工、服务职工、维护职工的合法权益上，要作出更大努力、发挥更大作用。具体讲就是要坚定不移走中国特色社会主义工会发展道路，牢牢把握党和国家工作大局，坚持全心全意为职工群众服务，以改革创新精神加强工会组织自身建设，加强同港澳台工会和劳动界的交流，为中国香港、澳门长期繁荣稳定和两岸关系和平发展作贡献。

李建国代表中华全国总工会第十五届执行委员会作了题为《高举旗帜，改革创新，团结动员亿万职工在实现中国梦历史进程中充分发挥主力军作用》的工作报告。报告明确提出为实现中华民族伟大复兴的中国梦而奋斗，是我国工人运动的时代主题，强调工人阶级是全面建成小康社会、坚持和发展中国特色社会主义、实现中国梦的主力军，工会作为党领导的重要人民团体，担负着团结动员广大职工为实现中国梦而奋斗的庄严历史使命。在新的形势下，我国工人运动只有高举中国特色社会主义伟大旗帜，牢牢把握为实现中国梦而奋斗这个时代主题，才能引领历史潮流，坚持正确方向，生机勃勃地向前迈进。

报告深入分析了当前工运事业正面临的前所未有的发展机遇和工会工作面临的一系列新情况、新问题。强调实现党的十八大确立的目标任务，让职工群众实现更高质量的就业、获得更加公平合理的收入、享有更加充分的社会保障，享有法律赋予的民主权利，享有丰富的精神文化生活和良好的生态环境，实现体面劳动、全面发展，工会组织和工会干部肩负着重大责任。要求全会同志务必牢记党的重托，不辜负职工群众期望，牢牢把握我国工人运动的时代主题，充分发挥党联系职工群众的桥梁纽带作用、国家政权的重要社会支柱作用、职工利益的代表者和维护者作用，奋力把党的工运事业推向前进。为此必须实现六个方面的基本要求：即必须始终坚持工会工作正确政治方向；必须创新新形势下职工群众工作；必须倡导辛勤劳动、诚实劳动、创造性劳动；必须切实维护职工合法权益；必须弘扬社会主义法治精神；必须以改革创新精神推进工会建设。

报告提出今后五年的工作目标是：围绕全面深化改革的新要求、全面建成小康社会的新任务，回应职工群众的新期待，坚持改革创新，振奋精神、真抓实干，努力开创工会工作新局面。大力推动全心全意依靠工人阶级根本方针贯彻落实，使广大职工的主人翁地位得到充分保障；有效调动职工群众的积极性、主动性、创造性，使广大职工的主力军作用进一步发挥；切实加强维权和服务工作，使广大职工的各项权益得到更好维护；努力建设学习型、服务型、创新型工会，使工会组织的凝聚力、影响力显著增强。实现上述目标，要着力做好六个方面工作：即激发广大职工创造活力，为全面深化改革、推动科学发展、加快转变经济发展方式再立新功；引导广大职工积极践行社会主义核心价值观，汇聚起为实现中国梦奋斗的正能量；切实维护和发展职工权益，构建服务职工工作体系；大力发展和谐劳动关系，促进社会主义和谐社会建设；不断强化源头参与和制度创新，增强工会工作的法制基础和制度保障；积极加强和改进工会自身建设，打造深受职工群众信赖的“职工之家”。在工会国际工作和港澳台工作方面，报告提出要继续高举和平、发展、合作、工人权益的旗帜，加强与各国、各地区、国际性工会组织和劳动界的交流交往，拓展工会外事工作平台，促进国际工运秩序更加公正合理、民主和谐。深化同香港特别行政区、澳门特别行政区和台湾工会和劳动界的交流合作。

大会选举产生了中华全国总工会第十六届执行委员会，在其第一次全体会议上，选举产生了全国总工会第十六届执行委员会主席、副主席和主席团委员。李建国当选为中华全国总工会主席。陈豪、刘国中、张少琴（兼）、徐福顺（兼）、陈荣书、尔肯江·吐拉洪（兼，维吾尔族）、李世明、邱小平（兼）、焦开河、范继英（女）、崔郁（兼，女）、江广平、许振超（兼）、郭明义（兼）共14位同志当选为中华全国总工会副主席。在执委会主席团第一次会议上，以举手表决的方式推选陈豪为书记处第一书记，刘国中、陈荣书、王瑞生、李世明、焦开河、范继英（女）、江广平、赵世洪（满族）、郭军为书记处书记。这次大会选出了全总新一届领导班子，为团结带领各级工会组织和广大工会干部共同奋进，在新的历史起点上，不断开创工会工作新局面奠定了坚实的领导组织基础。特别是来自基层企业的码头工人许振超和矿山工人郭明义作为工人阶级的先进代表当选为全国总工会兼职副主席，充分体现了党、国家和工会组织对劳动的尊重，对工人阶级的依靠，对工人阶级先进品格和劳模精神的弘扬和践行。他们的当选极大地鼓舞了广大职工群众，在全社会引起极大凡响。

大会还以书面形式向代表提交《中国工会章程（修正案）》、全总第十五届执委会财务工作报告和经审会工作报告。10 月 21 日，中共中央政治局常委、国务院总理李克强应邀向大会作经济形势报告。通过修正后的《中国工会章程》和关于第十五届执委会工作报告、经审会工作报告的决议。10 月 23 日，中共中央总书记、国家主席、中央军委主席习近平在中南海同中华全国总工会第十六届领导班子成员和部分中国工会十六大代表座谈并发表重要讲话，要求工会要牢牢抓住为实现中华民族伟大复兴的中国梦而奋斗这个我国工人运动的时代主题，把推动科学发展、实现稳中求进作为发挥作用的主战场，把做好新形势下职工群众工作、调动职工群众积极性和创造性作为中心任务，把巩固党执政的阶级基础和群众基础作为政治责任，竭诚为职工群众服务，切实维护职工群众权益，不断焕发工会组织的生机活力。

奏响改革主旋律，引领时代最强音

2015年7月6日至7日，中央党的群团工作会议在北京召开，这在中国共产党成立94年的历史上，还是第一次。习近平总书记出席会议并在会上强调，党的群团工作和群团组织必须保持和增强政治性、先进性、群众性，这是群团工作和群团组织的本质属性、基本定位和工作主线。其中，政治性是群团组织的灵魂，是第一位的，先进性是应有之义和内在要求，群众性是根本特点和生命线。习近平总书记的重要讲话，从巩固党执政的阶级基础、群众基础的战略高度，从推进党和国家事业长远发展的全局高度，深刻阐明了党的群团工作的一系列重大理论和实践问题，是指导新形势下党的群团工作的纲领性文献。

2015年1月8日，中共中央印发《关于加强和改进党的群团工作的意见》。内容包括新形势下加强和改进党的群团工作的重要性和紧迫性；坚定不移走中国特色社会主义群团发展道路；加强党委对群团工作的组织领导；推动群团组织团结动员群众围绕中心任务建功立业；推动群团组织引导群众自觉培育和践行社会主义核心价值观；支持群团组织加强服务群众和维护群众合法权益工作；支持群团组织在社会主义民主中发挥作用；支持群团组织参与创新社会治理和维护社会稳定；推动群团组织改革创新、增强活力；加大对群团工作的支持保障力度；加强群团组织领导班子和干部队伍建设11部分。《关于加强和改进党的群团工作的意见》深刻阐述了加强和改进党的群团工作的重要意义，鲜明提出并阐述了中国特色社会主义群团发展道路，具有很强的理论性、系统性、创新性、指导性，是推动群团事业发展、开创群团工作新局面的纲领性文件。

党中央印发《关于加强和改进党的群团工作的意见》和中央党的群团工作会议召开后，全总高度重视，迅速传达学习，抓好贯彻落实。召开党组会议，专题传达学习《关于加强和改进党的群团工作的意见》，并对贯彻落实工作作出了安排部署。先后制定下发《关于学习宣传贯彻中央党的群团工作会议精神的通知》《关于贯彻落实〈中共中央关于加强和改进党的群团工作的意见〉的实施方案》，要求各级工会迅速掀起学习宣传贯彻会议精神的热潮，把思想和行动统一到中央精神上来，忠诚履行职责，勇于改革创新，团结动员广大职工立足本职岗位创新、创造、创业，在为实现中华民族伟大复兴中国梦而奋斗中展现工会组织的新作为。

2015 年 7 月 23 日，中央改革办下发通知，决定在全国总工会、上海和重庆开展群团机关改革试点。11 月 9 日，习近平总书记主持召开中央全面深化改革领导小组第十八次会议，审议通过了《全国总工会改革试点方案》《上海市群团改革试点方案》《重庆市群团改革试点方案》。在全国总工会开展中央群团机关改革试点，是党中央从协调推进“四个全面”战略布局出发作出的重大决策部署，是全总历史上的一件大事，意义重大，影响深远。全国总工会坚持以上带下，指导上海市总工会和重庆市总工会专项改革，推动展开整个工会系统改革。经过不懈努力，全总改革试点取得了以下重大成效：增强工会组织广泛性和代表性，提高领导机构中职工代表比例；对机关职能和机构设置进行整合优化；实行全总机关编制“减上补下”，加大工会资源向基层倾斜力度；改进机关干部管理方式，突出基层一线工作经历、群众工作经历，不拘一格选拔人才，建立一支以专职为主、兼职与挂职相结合的机关干部队伍；实施全国工会“互联网 +”行动计划，推行“互联网 +”工会普惠性服务；联系引导劳动关系领域社会组织，做好维护职工队伍稳定工作。2016年2月，根据《全总改革试点方案》和《中央编办关于中华全国总工会机关内设机构和行政编制调整的批复》，全总精简行政编制50名，其中，机关行政编制精简22名，离退休干部工作人员编制精简28名。全总机关内设14个部门，7个驻会全国产业工会和机关党委、机关离退休干部局。将6个主要职能部门（基层组织建设部、集体合同部、民主管理部、保障工作部、劳动保护部、经济技术部）整合为3个（权益保障部、劳动和经济工作部、基层工作部），新成立了网络工作部和社会联络部，职能部门总数减少了1个。5个生产经营类事业单位将转制为企业，事业单位将由18个减少到13个。全总机关和事业单位精简编制25%，以此带动省级、市级地方工会实行编制“减上补下”，推动解决基层基础薄弱问题。将全国工会经费全年收入的95%留在地方和基层工会，由全总本级集中5%，把其中的70%用于对下级工会的补助，重点投向基层工会，逐步解决县级工会和乡镇（街道）工会专职工作人员短缺问题。在全国工会领导机关中提高各级工会领导机构中劳模和一线职工代表比例，建立以专职为主、兼职与挂职相结合的工会干部队伍，在各级地方工会领导班子中增设兼、挂职副主席，制定《中华全国总工会关于充分发挥劳模和一线职工兼职副主席作用的意见》等，推动兼、挂职工会干部充分发挥作用，增强了工会组织的广泛性和代表性。以非公有制经济组织、社会组织、新产业新业态、开发区（工业园区）为重点领域，以农民工、货车司机等群体为重点对象，开展“强基层、补短板、增活力”工作和入会集中行动。积极推进“互联网＋”工会建设，探索普惠职工、网上入会等新方式、新途径，工会组建实现新的突破。截至2018年10月，全国工会会员总数3亿人，其中，农民工会员1.4亿人，基层工会组织280.9万个，覆盖单位655.1万个。

2017年2月6日，习近平总书记主持召开中央全面深化改革领导小组第三十二次会议，审议通过了《新时期产业工人队伍建设改革方案》。4月14日，党中央、国务院正式印发《新时期产业工人队伍建设改革方案》（以下简称《改革方案》）。《改革方案》明确了产业工人队伍建设改革的指导思想、基本原则、目标任务，提出了一系列改革举措，是对产业工人队伍建设的顶层设计和总体部署。提出要按照政治上保证、制度上落实、素质上提高、权益上维护的总体思路，造就一支有理想守信念、懂技术会创新、敢担当讲奉献的宏大的产业工人队伍。从加强和改进产业工人队伍思想政治建设、构建产业工人技能形成体系、运用互联网促进产业工人队伍建设、创新产业工人发展制度、强化产业工人队伍建设支撑保障等 5 个方面，提出 25 条具体改革举措。《改革方案》在支撑保障方面提出了 6 项具体举措：加强有关产业工人队伍建设的法治保障；完善财政投入机制；建立社会多元投入机制；完善产业工人劳动经济权益保障机制；深化产业工人队伍建设理论政策研究；营造尊重劳动、崇尚技能、鼓励创造的社会氛围。《改革方案》从 4 个方面对改革举措的组织实施作出安排：构建合力推进改革的工作格局；有力有序推进改革，着力在支柱产业、战略性新兴产业和骨干企业中推进，发挥国有企业的带动作用；做好改革宣传工作，营造关心、支持推进改革的良好社会环境；加强对改革实施的督促检查，确保《改革方案》落地见效。

党中央、国务院下发《改革方案》，专门部署产业工人队伍建设改革，在我们党和国家历史上尚属首次，这是以习近平同志为核心的党中央着眼于巩固党的执政基础、实施制造强国战略、全面提高产业工人素质作出的重大决策部署，释放了我们党坚持以人民为中心的发展思想和全心全意依靠工人阶级方针的强烈信号。

着眼构建产业工人技能形成体系，创新技能导向的激励机制，全国总工会推动出台《关于提高技术工人待遇的意见》等政策，推动实施符合技术工人特点的分配制度和长效激励机制，促进多劳者多得、技高者多得，加快职工科技创新成果转化，提升产业工人的政治待遇、经济待遇、社会待遇。大力弘扬劳模精神、劳动精神、工匠精神，充分发挥工人阶级主力军作用，2013 年至 2018 年的五年间，参加基层企事业工会开展的劳动和技能竞赛的职工达 5.2 亿人次，提出合理化建议 6224.6 万件，实现技术革新 349 万项。开展“中国梦 · 大国工匠篇”“大国工匠进校园”主题宣传，选树“金牌工人”“首席技师”“首席员工”271.1 万人次，县级及县级以上地方工会命名劳模创新工作室 1.8 万家，7 项一线技术工人创新成果荣获国家科技进步奖，叫响坐实“大国工匠”品牌，与中央广播电视总台合作推出“大国工匠年度人物”“大国工匠”系列报道，推动形成尊重劳动、崇尚技能、鼓励创造的社会风尚。加强职工技能培训力度，2013 年至 2018 年的五年间，各级工会组织技术培训班 38.2 万场次，一共有3463.8万人次参加基层以上工会开展的技术培训，其中444.3万人次提升了技术等级。30个省级工会开展工匠人才培养选树工作，选树省级工匠人才2012名。五年间，一线工人的技术创新彰显出巨大能量，共开展技术革新349万项，完成发明创造111.7万项，有70.6万件职工技术创新成果获得国家专利项目。大力开展农民工“求学圆梦行动”，每年帮助30余万名农民工提升学历水平，同时各级工会重视满足产业工人的精神文化需求，产业工人队伍精神面貌焕然一新，在引领社会风尚中发挥了积极作用，也进一步增强了工人阶级的先进性。

2018年4月30日，习近平总书记给中国劳动关系学院劳模本科班学员回信，高度肯定劳动模范为党和国家事业发展作出的突出贡献，殷切期望广大劳动模范珍惜荣誉、努力学习，继续拼搏、再创佳绩，用干劲、闯劲、钻劲鼓舞更多的人争做新时代的奋斗者；着重强调社会主义是干出来的、新时代也是干出来的，全社会都应该尊敬劳动模范、弘扬劳模精神，让诚实劳动、勤勉工作蔚然成风。5月1日上午，中华全国总工会党组召开专题会议，传达学习习近平总书记给中国劳动关系学院劳模本科班学员回信重要精神，强调习近平总书记的回信内涵深刻、意义重大，是对劳动模范、广大职工和工会干部的巨大鼓舞和有力鞭策。各级工会要以高度的历史使命感、政治责任感和工作紧迫感，在广大劳动模范和职工中迅速掀起学习宣传贯彻的热潮，使劳动最光荣、劳动最崇高、劳动最伟大、劳动最美丽的观念深入人心。5 月 25 日，全国人大常委会副委员长、中华全国总工会主席王东明到中国劳动关系学院调研，出席深入学习宣传贯彻习近平总书记给中国劳动关系学院劳模本科班学员回信精神座谈会并发表重要讲话，强调要把学习贯彻回信精神与学习贯彻习近平新时代中国特色社会主义思想和党的十九大精神结合起来，与学习贯彻习近平总书记关于工人阶级和工会工作的重要论述结合起来，进一步坚定工会工作正确政治方向，更好地担负起团结引导广大职工听党话、跟党走的政治责任，在思想上政治上行动上同以习近平同志为核心的党中央保持高度一致。

新时代工运事业创新发展的行动指南

2017 年 10 月 18 日至 24 日，中国共产党第十九次全国代表大会在北京召开。大会作出了中国特色社会主义进入了新时代、我国社会主要矛盾已经转化为人民日益增长的美好生活需要和不平衡不充分的发展之间的矛盾等重大政治论断，深刻阐述了新时代中国共产党的历史使命，确立了习近平新时代中国特色社会主义思想的历史地位，提出了新时代坚持和发展中国特色社会主义的基本方略，确定了决胜全面建成小康社会、开启全面建设社会主义现代化国家新征程的目标，对新时代推进中国特色社会主义伟大事业和党的建设新的伟大工程作出了全面部署。习近平代表第十八届中央委员会作了题为《决胜全面建成小康社会，夺取新时代中国特色社会主义伟大胜利》的报告。党的十九大是在全面建成小康社会决胜阶段，中国特色社会主义进入新时代的关键时期召开的一次十分重要的大会。这次大会的主题是：不忘初心，牢记使命，高举中国特色社会主义伟大旗帜，决胜全面建成小康社会，夺取新时代中国特色社会主义伟大胜利，为实现中华民族伟大复兴的中国梦不懈奋斗。党的十九大在政治上、理论上、实践上取得了一系列重大成果，就新时代坚持和发展中国特色社会主义的一系列重大理论和实践问题阐明了大政方针，就推进党和国家各方面工作制定了战略部署，是我们党在新时代开启新征程、续写新篇章的政治宣言和行动纲领，在党和国家事业发展进程中具有划时代的里程碑意义。

中共十九大闭幕一年后，2018年10月22日至26日，中国工会第十七次全国代表大会在北京人民大会堂胜利召开。这次大会是在我国进入全面建成小康社会决胜阶段、中国特色社会主义进入新时代召开的一次重要会议，是我国工会发展史上的一件大事，也是广大工会干部和职工群众政治生活中的一件大事。大会的主题是：以习近平新时代中国特色社会主义思想为指导，坚持走中国特色社会主义工会发展道路，忠诚党的事业，竭诚服务职工，团结动员亿万职工为决胜全面建成小康社会、夺取新时代中国特色社会主义伟大胜利而奋斗。

这次会议到会的正式代表2009名，特邀代表84名，列席人员7名，港澳来宾39名。党和国家领导人习近平、李克强、栗战书、汪洋、赵乐际、韩正等到会祝贺，中共中央政治局常委、中央书记处书记王沪宁代表党中央发表了题为《展示新时代我国工人阶级团结奋斗新风采》的致词。王东明代表中华全国总工会第十六届执行委员会作了题为《以习

⊙ 中国工会第十七次全国代表大会在北京召开

近平新时代中国特色社会主义思想为指导，团结动员亿万职工为决胜全面建成小康社会夺取新时代中国特色社会主义伟大胜利而奋斗》的工作报告。10 月 24 日，中共中央政治局常委、国务院总理李克强应邀在大会上作了经济形势报告。大会表决通过了《关于中华全国总工会第十六届执行委员会报告的决议》《关于〈中国工会章程（修正案）〉的决议》《关于中华全国总工会第十六届执行委员会财务工作报告的决议》《关于中华全国总工会第十六届经费审查委员会工作报告的决议》。

这次大会的主要任务是：全面贯彻党的十九大精神，高举中国特色社会主义伟大旗帜，以习近平新时代中国特色社会主义思想为指导，坚定不移走中国特色社会主义工会发展道路，全面总结工会十六大以来工会工作的成就和经验，深入分析决胜全面建成小康社会、开启全面建设社会主义现代化国家新征程中工会组织肩负的历史使命，提出新时代工会工作的指导思想和目标任务。其中，中国工会十七大的重要成果，就是把习近平新时代中国特色社会主义思想确立为中国工会的指导思想，把习近平总书记关于工人阶级和工会工作的重要论述确定为新时代工运事业和工会工作创新发展的行动指南。

中国工会十七大报告用“八个坚持”对习近平总书记关于工人阶级和工会工作的重要论述进行了概括：坚持党对工会工作的领导；坚持全心全意依靠工人阶级；坚持为实现中华民族伟大复兴的中国梦而奋斗；坚持中国特色社会主义工会发展道路；坚持弘扬劳模精神、劳动精神、工匠精神；坚持高举维护职工合法权益旗帜；坚持增强政治性、先进性、群众性的工会改革方向；坚持加强基层工会建设。这“八个坚持”意涵深刻、内容丰富，系统完备、科学辩证，是在我国波澜壮阔的工人运动伟大实践中产生的科学理论，具有强大的思想力量、深刻的指导作用、磅礴的实践伟力，其关键是坚持党的领导，根本是增强政治性、先进性、群众性，重点是维护职工权益、服务职工群众。

在深刻领会习近平总书记关于工人阶级和工会工作的重要论述的基础上，中国工会提出了以“四个立足”为实践要求来统筹规划未来的工会工作：立足新时代中国特色社会主义新方位，在实现党的十九大描绘的宏伟蓝图中贡献力量；立足社会主要矛盾新变化，在不断满足职工群众美好生活需要中担当作为；立足共建共治共享社会治理新格局，在推动构建中国特色和谐劳动关系中履职尽责；立足全面深化改革新阶段，在构建联系广泛、服务职工的工会工作体系中开拓创新。

工会十七大高度评价党的十八大以来，在以习近平同志为核心的党中央坚强领导下，全国亿万职工为推进中国特色社会主义伟大事业作出的重要贡献。指出中国工会十六大以来，各级工会坚持以习近平新时代中国特色社会主义思想为指导，坚持走中国特色社会主义工会发展道路，牢牢把握为实现中华民族伟大复兴的中国梦而奋斗的工人运动时代主题，忠诚履职、积极作为，锐意改革、勇于创新，各项工作取得了显著成效，在党和国家工作大局中发挥了重要作用。这些成就的取得，最根本就在于以习近平同志为核心的党中央坚强领导，在于习近平新时代中国特色社会主义思想的科学指引。

大会提出了今后五年工会工作的主要任务：一是始终坚持正确政治方向，推动习近平新时代中国特色社会主义思想在工会系统形成生动实践；二是牢牢把握我国工人运动时代主题，团结动员广大职工以主人翁姿态建功新时代；三是切实维护职工合法权益，推动构建和谐劳动关系；四是提高服务工作质量，更好满足职工群众美好生活需要；五是深化工会改革创新，不断增强工会工作的动力活力；六是认真贯彻新时代党的建设总要求，以党的政治建设为统领，加强工会系统党的建设，为做好新时代工会工作提供坚强保证。

大会选举产生了中华全国总工会第十七届执行委员会和经费审查委员会。第十七届执行委员会第一次全体会议以无记名投票方式选举产生了中华全国总工会第十七届执行委员会主席、副主席和主席团委员。王东明当选为中华全国总工会主席，李玉赋、张工、张少琴（兼）、蔡振华、翁杰明（兼）、张晓兰（兼，女）、阎京华、邱小平（兼）、焦开河、江广平、马吉孝（兼，回族）、石岱（女）、郭明义（兼）、巨晓林（兼）、高凤林（兼）共 15 位同志当选为全总副主席；丁小岗等 59 位同志当选为执委会主席团委员。随后举行的主席团第一次会议以举手表决的方式，推选李玉赋为书记处第一书记，张工、蔡振华、阎京华、焦开河、江广平、石岱（女）、张茂华、许山松、王俊治、曲昭伟（挂职）为书记处书记。第十七届经费审查委员会第一次全体会议以无记名投票的方式选举产生了中华全国总工会第十七届经费审查委员会主任、副主任、常务委员。选举李晓钟当选为全总第十七届经审会主任，李伟言当选为全总第十七届经审会副主任，选举丁巍等11位同志当选为全总第十七届经审会常务委员。

工会十七大闭幕后，2018年10月29日，习近平总书记在中南海同中华全国总工会新一届领导班子成员集体谈话并发表重要讲话。习近平强调，我国工运事业是党的事业的重要组成部分，工会工作是党治国理政的一项经常性、基础性工作。要坚持党对工会工作的领导，团结动员亿万职工积极建功新时代，加强对职工的思想政治引领，加大对职工群众的维权服务力度，深入推进工会改革创新，勇于担当、锐意进取，积极作为、真抓实干，开创新时代我国工运事业和工会工作新局面。

10月29日下午，全总新一届党组、书记处领导班子召开第一次会议，就习近平总书记“10・29”讲话精神进行传达学习。10月30日，中华全国总工会第十七届执行委员会主席团第二次全体会议在京召开，会议传达学习了习近平总书记同中华全国总工会新一届领导班子成员集体谈话时发表的重要讲话精神。会议要求，在广大工会干部和职工群众中迅速掀起学习宣传习近平总书记重要讲话精神的热潮，以实际行动推动重要讲话精神在工会系统形成生动实践，奋力谱写新时代工运事业和工会工作新篇章。

2020 年初，一场突如其来的新冠肺炎疫情打乱了经济社会发展的节奏。在党中央的统一领导下，各级工会和广大职工积极投入抗疫斗争，做出巨大贡献。2020 年 8 月 11 日，国家主席习近平签署主席令，授予钟南山“共和国勋章”，授予张伯礼、张定宇、陈薇“人民英雄”国家荣誉称号。9 月 8 日，全国抗击新冠肺炎疫情表彰大会在北京人民大会堂隆重举行。中共中央总书记、国家主席、中央军委主席习近平向国家勋章和国家荣誉称号获得者颁授勋章奖章。大会还对全国抗击新冠肺炎疫情先进个人、先进集体，全国优秀共产党员、全国先进基层党组织进行了表彰。

2020 年 10 月 26 日至 29 日，中国共产党第十九届中央委员会第五次全体会议在北京召开，这次全会是在即将实现第一个百年奋斗目标、开启全面建设社会主义现代化国家新征程的时刻召开的一次十分重要的会议，会议审议通过了《中共中央关于制定国民经济和社会发展第十四个五年规划和二〇三五年远景目标的建议》，对二〇三五年目标、对“十四五”时期经济社会发展作出了系统谋划和战略部署。

2020年11月24日上午，全国劳动模范和先进工作者表彰大会在北京人民大会堂隆重举行。中共中央总书记、国家主席、中央军委主席习近平出席大会并发表重要讲话，代表党中央、国务院，向受到表彰的全国劳动模范和先进工作者表示热烈的祝贺，向为改革开放和社会主义现代化建设作出突出贡献的我国工人阶级和广大劳动群众致以诚挚的问候。

习近平强调，光荣属于劳动者，幸福属于劳动者。社会主义是干出来的，新时代是奋斗出来的。劳动模范是民族的精英、人民的楷模，是共和国的功臣。我国是人民当家作主的社会主义国家，党和国家始终坚持全心全意依靠工人阶级方针，始终高度重视工人阶级和广大劳动群众在党和国家事业发展中的重要地位，始终高度重视发挥劳动模范和先进工作者的重要作用。立足新发展阶段，贯彻新发展理念，构建新发展格局，推动高质量发展，必须紧紧依靠工人阶级和广大劳动群众。我国工人阶级和广大劳动群众要更加紧密地团结在党中央周围，勤于创造、勇于奋斗，努力在全面建设社会主义现代化国家新征程上创造新的时代辉煌、铸就新的历史伟业。

11月25日，全国总工会以电视电话会议形式召开座谈会，学习贯彻习近平总书记在全国劳动模范和先进工作者表彰大会上重要讲话精神。全国人大常委会副委员长、中华全国总工会主席王东明在出席会议时讲话指出，各级工会要深入学习贯彻习近平总书记重要讲话精神，充分认识讲话重大意义，把思想和行动统一到总书记重要讲话精神上来，切实增强责任感使命感紧迫感，大力弘扬劳模精神、劳动精神、工匠精神，团结动员亿万职工为全面建设社会主义现代化国家贡献智慧力量。

2020 年 12 月 27 日，中共中央决定，陈刚同志任中华全国总工会党组书记。

2021 年 2 月 4 日，中华全国总工会十七届四次执委会议在北京召开。这次执委会的主要任务是，以习近平新时代中国特色社会主义思想为指导，全面贯彻党的十九大和十九届二中、三中、四中、五中全会精神，学习贯彻习近平总书记关于工人阶级和工会工作的重要论述特别是在全国劳动模范和先进工作者表彰大会上的重要讲话精神，学习贯彻中央经济工作会议精神，传达学习中央书记处重要指示精神，总结 2020 年工会工作，部署 2021 年工作任务。执委会议选举陈刚为中华全国总工会副主席；执委会主席团第九次全体会议推选陈刚为中华全国总工会书记处第一书记。

王东明同志在执委会议上强调指出，各级工会要以习近平新时代中国特色社会主义思想为指导，胸怀“两个大局”，自觉把工会工作放到党和国家大局中去推进；加强理论武装，把牢正确政治方向；增强政治意识，提高政治判断力、政治领悟力、政治执行力；勇于改革创新，推动工会工作创新发展；转变工作作风，提高工作能力水平，以优异成绩庆祝建党100周年。

按照党中央统一部署，2021年3月2日，全国总工会机关召开党史学习教育动员大会。全总党组书记、副主席、书记处第一书记、全总党史学习教育领导小组组长陈刚在会上传达了习近平总书记在党史学习教育动员大会上的重要讲话精神，要求各级工会把开展党史学习教育作为一项重要政治任务，以强烈的政治自觉、思想自觉、行动自觉参加党史学习教育，激发工作生机活力，推动党的工运事业和工会工作创新发展，更好承担起引导广大职工听党话、跟党走的政治责任。

中国共产党成立后的第一个决议规定，“本党的基本任务是成立产业工会”，主要工作是开展工人运动。如果从

1921 年 8 月 11 日党在上海成立的中国劳动组合书记部算起，党领导下的中国工会已经走过了一百年的不平凡历程，取得了辉煌的历史成就。站在新的历史起点上，中国工会肩负着新的光荣使命。全国亿万职工将更加紧密地团结在以习近平同志为核心的党中央周围，高举中国特色社会主义伟大旗帜，以习近平新时代中国特色社会主义思想为指导，勤于创造、勇于奋斗，齐心协力、锐意进取，不断开拓中国工会事业的广阔前景，为全面建设社会主义现代化国家、实现中华民族伟大复兴的中国梦贡献智慧和力量！

后 记

在中华全国总工会成立96周年之际，我们谨将这本十余万字的《中国工会简史》奉献给广大读者。中国工会史是中国近现代史上一个具有典型意义的缩影，它在一定程度上反映和折射了近现代中国社会主要矛盾的转变和发展，因此，只有把中国工会置于中国革命、建设、改革和复兴史的宏大背景下进行认识和体味，才能把握住中国工会未来所要面临的历史任务。本书力图以最简洁的形式对中国工会近百年发展历程进行概括总结，便是以求达到“鉴前世之兴衰，考当今之得失”的目的。

2015年前后，在时任中国工运研究所所长吕国泉，副所长王舟波、张妍延的策划和指导下，本书初步完成了编辑工作，但因种种原因一直未能出版。2019年，应中国工人出版社之约，在中国工运研究所支持下，组织原书稿作者对书稿进行了补充完善，增加了最近几年工会工作的内容，由中国工人出版社出版。

本书的写作参考了中国工运研究所组织编撰、中国工人出版社出版的《中国工会读本（修订本）》和《新编中国工人运动史（修订版）》等书籍。2015年书稿编撰分工是：闫永飞负责第一至四章；韩亚光负责第五章和第六章；淡卫军负责第七至九章。吕国泉、王舟波和张妍延先是提出和确定了本书的编写体例、语言风格和篇章布局，并审阅了全书原稿，作了许多重要修改。本次出版在原稿基础上增添了新的一章即第十章，并对第七至九章进行了部分修改，这项工作由闫永飞负责完成。中国工运研究所所长闫宇平、副所长关明对书稿进行了审定。

希望本书的出版能够有助于社会各界加深对中国工会发展历程的了解，扩大工会活动和工运事业在社会上的影响力。对于本书中存在的不当之处，敬请广大读者不吝指正。

本书编写组

2021年4月

图书在版编目（CIP）数据

中国工会简史 / 中国工运研究所编写组编. —北京：中国工人出版社，2020.3
ISBN 978-7-5008-7332-7

Ⅰ.①中… Ⅱ.①中… Ⅲ.①工会运动史—中国 Ⅳ.①K261.3

中国版本图书馆CIP数据核字（2020）第031917号

中国工会简史

出 版 人	王娇萍
责任编辑	赵晨羽
责任印制	栾征宇
出版发行	中国工人出版社
地　　址	北京市东城区鼓楼外大街45号　邮编：100120
网　　址	http://www.wp-china.com
电　　话	（010）62005043（总编室） （010）62005039（印制管理中心） （010）82075935（工会与劳动关系分社）
发行热线	（010）62033018　62004002　62005996 （010）62005038（传真）
经　　销	各地书店
印　　刷	三河市万龙印装有限公司
开　　本	880毫米×1230毫米　1/32
印　　张	9
字　　数	150千字
版　　次	2020年4月第1版　2025年6月第12次印刷
定　　价	38.00元